JN087407

Contents

スリランカごはんの特徴

食材ごとにカレーレシピがある

複数の食材を一緒に調理する日本のカレーとは違って、スリランカのカレーは基本的にひとつの食材で作ります。その素材のよさを引きだすために、スパイスや薬味を組み合わせ、ココナツミルクの濃さや量を調整するのです。なのでひとくちにカレーといっても、野菜や果物の種類が豊富なスリランカではレシピは想像以上に多く、組み合わせは無限大といえます。

「混ぜる」が基本の「ライス＆カリー」

ごはんを囲むように数種のカレーを盛りつけたものが「ライス＆カリー」。少しずつそれぞれを指先で混ぜながら食べるのがスリランカ流です。混ぜることでさらに味のバリエーションや奥行きが増していきます。また感覚の繊細な指を使うことで、混ぜ加減を自分好みにできたり、スパイスの茎や葉も簡単に取りのぞけたりするようです。調理で加えたカレーリーフやシナモン、クローブなどは、みんなお皿の隅によけながら食べています。スリランカの人は指で触れただけでおいしさがわかるのだとか！でもスプーンでももちろんおいしくいただけます。

一皿の中でのバランスが大事

ライス＆カリーのプレートを作るときには、辛味、甘味、酸味、苦味、塩味、うまみ、それらのバランスが大事です。彩りがよくなるようにメニューを選んで組み合わせると、自然とバランスが取れるようになっています。またパラリとしたごはんを楽しむために、一皿の中に「ホディ」と名前がつく水分が多めのカレーが一品あると、一体感が生まれて、食べやすくおいしいプレートになると思います。

ライス＆カリーの盛りつけ方

ごはんを真ん中によそい、そのまわりに3〜4種類の副菜を、最後にメインのおかずとなる（主に）肉や魚のカレーをごはんの上にのせます。お皿の手前が少し空いているのは手で混ぜるスペースを空けておくため。豆から作られたパパダンというおせんべいを添えて食感をプラス。揚げて塩をまぶした大きな赤唐辛子を添えることもあります。

パパダン
（塩味・食感プラス）

ビーツカレー
（うまみ）

レンズ豆カレー
（ホディ系）

メイン：えびカレー
（辛味・うまみ）

ツボクサのあえもの
（苦味・うまみ・酸味）

マンゴーカレー
（甘味・酸味）

カレーを混ぜるためのスペース

スリランカごはんの深みのもと、スパイスや食材たち

スパイス&ハーブ

さまざまなスパイス・ハーブを組み合わせて、
香りと風味が豊かなスリランカごはんは作られます。

● **シナモン**

スリランカ産のシナモンは「セイロンシナモン」と呼ばれ、やさしく上品な香りとまろやかな風味が特徴。スリランカごはんにはぜひセイロンシナモンを。日本で主に流通しているのは「カシアシナモン」で風味が強く、ややワイルド。セイロンシナモンの代わりに使う場合には量を半分にしてください。

スティックの1片の大きさの目安。
（写真は3片）

● **カレーリーフ**

スリランカの言葉では「カラピンチャ」。どの家庭も常備しています。「カレーの木」の葉でとてもよい香りがします。スリランカ料理には欠かせない代表的なスパイス。通販サイトではフレッシュなものと乾燥したものが販売されていますが、フレッシュなものは風味、香りが段違い。

● **クローブ**

少量でも存在感が強いスパイス。シナモンとの相性がよく、一緒に使うとより豊かな風味で食材をひきたてます。

ホール

パウダー

● **こしょう**

こしょうはスリランカの名産品のひとつ。家庭料理では黒こしょうパウダーを使うことがほとんど。スリランカのこしょうは辛味もしっかりありながら、フローラルとメントールがほんのりと香ります。黒こしょうがなければ普段使いのこしょうでOK。

● ターメリックパウダー

黄色はおいしい色！見栄えのためにも栄養のためにも大事なスパイスのひとつ。熱を加えすぎると苦味が出てしまうので注意。

● フェヌグリーク

苦味も強いのですが香り高いスパイス。油とともに加熱することで苦味が出にくくなり、甘い香りが立ちます。

● パンダンリーフ

独特な甘い香りをもち、東南アジアや南アジアで風味づけとして使われます。本書のレシピでは材料に入れていますが、よく出回っている乾燥したものは風味が弱まっているため、入れなくてもさほど違いはないかもしれません。

● カルダモン

清涼感のある香りとキレのよい苦味があります。風味を強く出したいときはサヤを割って種を出して使います。

● マスタードシード

スリランカ料理で使うのは小さな粒のブラウンマスタード。鼻に抜けるさわやかな辛味をつけるために使われます。

パウダー

● ゴラカ

ガルシニアの木の実を乾燥させたもの。強い酸味があり主に魚や肉のカレーに臭み消しとして使われます。湯でもどしてペーストにするほか、そのまま煮込んで使うことも。本書のレシピでは梅干しで代用できます。

ホール

ミックススパイス

カレー作りに欠かせないカレーパウダーは「トゥナパハ」と呼ばれます。
主なスパイスはコリアンダー、クミン、フェンネルですが、家庭ごとに配合はさまざま!

● ローストカレーパウダー
Roasted Curry Powder

材料となるホールスパイスをそれぞれ乾燥、焙煎してから粉状に挽きます。「バダプ・トゥナパハ」と呼ばれ「バダプ」とは加熱の意味。主に肉や魚のカレーに使われるほか、野菜カレーに風味足しとして振りかけたりします。焙煎方法や配合は家ごとに異なっていて、レシピは門外不出にしていることも!

● カレーパウダー
Raw Curry Powder

「アム・トゥナパハ」と呼ばれる混合スパイス。「アム」は「生」を意味していて、コリアンダー、クミン、シナモンなどのホールスパイスを粉状に挽いたもの。主に野菜カレーに使われます。
※本書では単に「カレーパウダー」と表記しています。

ローストカレーパウダー

カレーパウダー

\ 自宅でトライ?! /

簡易版カレーパウダー

Nilanka's
Recipe

カレーパウダー

材料（できあがり100g）

コリアンダーパウダー　50g
クミンパウダー　25g
黒こしょうパウダー　5g
マスタードシードパウダー　5g
レモングラスパウダー　5g
パンダンリーフパウダー　2g
カルダモンパウダー　1g
カレーリーフパウダー　1g
クローブパウダー　1g
シナモンパウダー　1g
米粉　4g

作り方

材料すべてを混ぜあわせるとカレーパウダー（Raw Curry Powder）に。

ローストにする場合

1. 大さじ1の米粉をテフロン加工のフライパンに入れ、弱火でうすいきつね色になるまで炒る（目安は3分）。

2. 左記のカレーパウダー100gを加え、まんべんなく火が通るように弱火で混ぜ続ける。

3. 2分ほどたつと香りが変わり、5分ほどで煙が出てくるが、さらに弱火で炒り続ける。

4. 茶色く色づいたら火を止める（目安はカレーパウダーを加えてから10分弱程度）。

煙が出てきたところ。

すでにミックスされたカレーパウダーやローストカレーパウダーは、以下をはじめ各種オンラインショップ、スパイス専門店、輸入食材店などで購入することができます。

カラピンチャ
兵庫県神戸市の人気スリランカ料理店。スリランカで料理修行した店主考案のカレーパウダー、ローストカレーパウダーや現地から仕入れたスパイス&食材が購入できます。
URL ● https://karapincha.jp/

アハサ食堂
スリランカ料理研究家・林美幸さんが運営。通販もある公式サイト。スリランカ料理教室を実施するほか、簡単にトライできるミックススパイスも販売。
URL ● https://ahasa-lanka.com/

スリランカの辛味いろいろ

辛味も個性豊か。料理や好みによって使いわけます。
本書では辛い食材は材料欄に 🌶 がついています。
 はスリランカ現地の辛さです。我こそはという方、チャレンジしてみては？

● チリパウダー

赤唐辛子を乾燥させ粉
状に挽いたもの。辛味
がダイレクトに伝わり、
赤い色づけにも使われ
ます。選ぶ時は唐辛子
100%のものを。

● 青唐辛子

熟す前の唐辛子。
キリっとしたさわや
かな風味と辛味、余
韻が長く残ります。

● チリフレーク

乾燥赤唐辛子を粗挽きにしたもの。
パウダーよりも辛味をおさえつつ、
風味づけしたいときに使います。

● ドライレッドチリ

素揚げしてライス＆カリーの
つけあわせに。北部スリラ
ンカではカレーにも多用し
ます。鷹の爪で代用可。

スリランカ料理のうまみのもと

油

● モルディブフィッシュ

かつおの身を塩水でゆで、乾燥
させたもの。日本のかつお節
のように菌で熟成させてはいま
せん。使う前に水でもどさず、
野菜の水分やココナツグレー
ビーを吸わせることでうまみが
さらに濃くなります。かつお節
や細かく裂いたなまり節で代用
できます。

スリランカでは調理には
ほとんどココナツオイル
を使いますが、スパイス
の香りを邪魔しないよう、
香りがあまり強くないも
のが好まれます。日本で
作る時には、おだやかな
香りのココナツオイルま
たはサラダ油でOK。（レ
シピにサラダ油やココナ
ツオイルと指定がある場
合には、それを使うのが
おススメです）

ココナツの使い方

スリランカでは街角の小さな商店でも必ずココナツの実が売られています。そしてみんな10個20個と買っていきます。スリランカの家庭は大家族、というのもありますが、フレッシュなココナツで作るカレーは格別です！

● ココナツミルク

左が一番抽出。色が濃い。

削ったココナツを水にひたし、手でもみほぐしながらココナツミルクを抽出。一番抽出が濃いココナツミルク、二番抽出は薄いココナツミルクとして使いわけます。ココナツパウダーは濃さを調整できるので代用品としておすすめ。市販のココナツミルクは油分が分離していることがあるのでよく振ってから使ってください。

● 削りココナツ

ココナツの実を割ったところ。

大きなナタでココナツを割り、専用の器具で内側の白い果肉を調理直前に削ります。日本ではココナツファインで代用できます。

ココナツ削り器。手でハンドルを回すと刃が回転して果肉を細かく削っていく。

市販のココナツミルク。

① 削ったココナツの果肉を水にひたして搾る。

② 残った果肉をザルでこす。

おいしくなる

ココナツミルクパウダーの溶き方

最初は少量の湯で溶き、パウダーが溶けたら残りの分量の湯を加えて混ぜるとダマができにくくなります。ダマができると乳化しづらくなり、グレービーに一体感が出ません。

湯を使うことでココナツの油分が溶けやすくなる。

市販のココナツミルクパウダー。

この本の使い方

計量
- ▶ 1カップ＝200ml、1/2カップ＝100ml、1/4カップ＝50ml
  ※お米は1カップすり切りで表示。1合（180ml）ではありません。
- ▶ 大さじ1＝15ml、小さじ1＝5ml ※どちらもすり切りで計量してください。

分量
- ▶ できあがりの量は日本のカレーに比べて少なめ。
  数種類盛り合わせた時の量を基本にしています。

※ 冷凍可
- ▶ 冷凍可能なおかず。

MATCH
- ▶ ライス＆カリーは基本的に好きな組み合わせでOKですが、
  もし迷ったらこのアイコンのレシピを組み合わせてみてください。

- ▶ 辛さを加える材料。苦手な人は入れなくてOK。日本の青唐辛子はスリランカの
  ものに比べて辛味が強めです。種とワタを取ると辛さが抑えられます。

- ▶ 辛い食材のスリランカ現地レベルの分量。辛いものが得意な人はお試しを。

玉ねぎ について
- ▶ スリランカでは赤玉ねぎが主流なので、本書内でも材料に「玉ねぎ」としているも
  のは、赤玉ねぎを使っています。日本で作る場合は、一般的な玉ねぎでOKです。
  でも、もし赤玉ねぎが手に入る場合には、ぜひ使ってみてください。

よりおいしく作るために

● 鍋
カレーを作るときには食材全体に水分がかぶるよう、食材の分量に合わせて
大きすぎない鍋や深さのあるフライパンを使ってください。

● 素材の切り方
カレーに使う玉ねぎは食感が残るよう繊維にそってスライス。サンボルなど
生で食べる場合には水分が出やすいよう繊維に垂直に切ってください。

● にんにく・生姜の炒め具合

端がきつね色になるまで炒
めてから次の工程へ。香り
がしっかり油に移り、風味に
奥ゆきが出ます。

● 玉ねぎの炒め具合

こちらも端がきつね色にな
るまで。じっくり加熱するこ
とで甘味、うまみが引きださ
れて味の核になります。

● グレービー（煮汁）の煮詰め具合

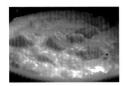 

ホディ系の目安。　　からませるタイプの目安。

ホディ系の場合には具材
がグレービーにひたるく
らい。具材にからませる
ときは、もう少ししっかり
煮詰めるようにします。

おいしいまかないの作り手たち

ご紹介している料理を日々作り、今回レシピを教えてくれた3人。
我がスタジオ＆我が家で働く料理上手なスリランカの現地スタッフをご紹介します。

 Shamila シャミラ

2017年のスタジオ立ち上げ当初からのスタッフ、ヘアメイクアップアーティスト。通称シャミ。メイクもていねいなのですが、料理もとてもていねいで、見栄えよくおいしく作ります。スリランカのおいしい食や文化をいろいろと教えてくれる人でもあります。シャミのサンボルはどれも絶品！

 **Nilanka** ニランカ

手早くちゃっちゃっと食事を作ってくれる二代目お手伝いさん。肉系のおかずや、ごはんもの、粉ものが上手で、インド料理にも詳しいんです。彼女のスリランカオムレツカレーやカトゥレット、キャベツカレーは私も家族も大好きなメニュー。ローストカレーパウダーを最後に振りかける仕上げの方法は彼女が教えてくれました。

 Rebecca レベッカ

スタジオ兼我が家の初代お手伝いさん。野菜のカレーや副菜が得意。スパイスが足りなくても臨機応変に食事作りをしてくれる頼もしい存在。彼女のポーチドエッグカレーと大唐辛子カレーは何回食べても飽きないみんなが大好きなレシピです。

肉＆魚のカレー

මස් මාළු හොදි

この章でご紹介するのは、主菜となるおかずです。
スリランカには、チキンやポーク、ビーフ、マトンといった肉類から
卵やさまざまな魚介類まで、バラエティー豊かなカレーが存在します。
スリランカのライス＆カリーでは、ごはんをお皿の中央によそい、
まわりに副菜を盛っていきます。
その真ん中に盛られるのが、主菜となるおかずたちです。

ミリサタ mirisata මිරිසට
青唐辛子や赤唐辛子を使ったカレー

ホディ hodi හොදි
グレービー多めのカレー
＊たまにグレービー少なめホディもあります

キラタ kirata කිරට
ココナツミルクをいかした淡い色のカレー。
辛味には青唐辛子のみを使う。または辛味を加えない。

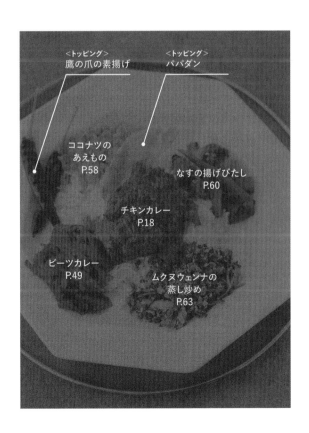

<トッピング>
鷹の爪の素揚げ

<トッピング>
パパダン

ココナツの
あえもの
P.58

なすの揚げびたし
P.60

チキンカレー
P.18

ビーツカレー
P.49

ムクヌウェンナの
蒸し炒め
P.63

メインに迷った時はチキンカレーで間違いなし!
ももや手羽元など、骨つき肉にするとうまみもさらに加わります。
グレービーの濃い茶色がスリランカではおいしいチキンカレーの目印。

ククルマス・ホディ・ミリサタ

チキンカレー　කුකුල්මස් හොද් මිරිසට　※冷凍可

材料（2人分）

鶏もも肉　240g（骨なしの場合200g）

A チリパウダー🌶　小さじ1（■🔥小さじ2）
　カレーパウダー　小さじ2
　ローストカレーパウダー　小さじ2
　こしょう　小さじ1
　塩　小さじ1

にんにく（みじん切り）　2片
生姜（みじん切り）　1片

B 玉ねぎ（薄切り）　中¼個
　青唐辛子（ななめ切り）🌶　1本
　カレーリーフ　20枚
　シナモンスティック　4片
　カルダモン（つぶす）　2粒
　クローブ　2粒
　マスタードシード　小さじ½

C チリパウダー🌶　小さじ1（■🔥小さじ2）
　カレーパウダー　小さじ1
　ローストカレーパウダー　小さじ1

トマト（くし切り）　中¼個
水　½カップ

ココナツミルク　1カップ
　ココナツミルクパウダー　大さじ5
　湯　1カップ

油　大さじ2

作り方

1. 火の通りがよくなるよう鶏肉に数か所切り込みを入れ、Aをもみ込み、20〜30分おく⒜。

2. 鍋に油を熱し、にんにく、生姜を弱火で香りが出るまで炒めたら、Bを加え、中火で玉ねぎの端がほんのり茶色く色づくまで炒める。

3. Cを加えてサッと炒めあわせ⒝、下味のスパイスごと1を入れてざっくりまぶすように混ぜる。

4. 水とトマトを加え、ふたをして鶏肉に火が通るまで弱めの中火で煮込む⒞。

5. ふたを取ってココナツミルクを加える。色が濃くなってとろみが出るまで、焦がさないようにときおり混ぜながら中火で煮込む。

MEMO　残ったらコットゥ（P.82）にアレンジ可能です。

MATCH　野菜系のカレー、おかずであれば何でも。

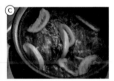

ブラックという名のとおり、ココナツミルクを使わない濃い色のグレービーが特徴です。
酸味があり消化を助ける働きのあるゴラカの風味がきいています。

*写真の副菜はココナツのあえもの(P.58)とツボクサのあえもの(P.62)

カル・ウールマス・ホディ

ブラックポークカレー ʊʊ ʊ ʊ ʊ ʊ ʊ ᴑ ┃ ✳ 冷凍可

材料（2〜3人分）

豚ロース（とんかつ用など）(2cm角切り)　200g
ゴラカ（すりつぶす）　2g ＊梅干しの果肉½個分で代用可
水　¼カップ

A｜塩　小さじ½
　｜カレーパウダー　小さじ1
　｜ローストカレーパウダー　小さじ1
　｜チリパウダー　小さじ1
　｜こしょう　小さじ½

にんにく（みじん切り）　2片
生姜（みじん切り）　1片

B｜玉ねぎ（薄切り）　中⅙個
　｜カレーリーフ　20枚
　｜青唐辛子（ななめ切り）🌶　1本
　｜シナモンスティック　3片
　｜クローブ　4粒
　｜カルダモン（つぶす）　4粒

C｜カレーパウダー　小さじ1
　｜ローストカレーパウダー　小さじ2
　｜塩　小さじ½
　｜こしょう　小さじ½

水　1カップ
油　大さじ2
パクチー（葉と茎をざく切り）　2本

作り方

1. ゴラカと水¼カップを耐熱容器に入れ、レンジで加熱（目安は6分程度）。指でつぶせるくらいの硬さになったら、ゴラカを取り出してすり鉢ですりつぶす。（梅干しの場合は種を取り、果肉を包丁でたたく）

2. 豚肉にAをもみ込み、20〜30分おくⓐ。

3. 鍋に油を熱し、にんにく、生姜を弱火で香りが出るまで炒めたら、Bを加え、中火で玉ねぎの端がほんのり茶色く色づくまで炒める。

4. Cを加え、まぶすようにサッと炒めあわせ、ゴラカと下味のスパイスごと2を鍋に加えてざっくりと炒める。

5. 全体が混ざったら水を加えⓑ、ふたをして、ときおり混ぜながら弱火で水分が半分くらいになるまで煮込む。

6. ふたを取って中火で5分ほど加熱し、グレービーのとろみが増したら火を止めパクチーを散らす。

MEMO　グレービーにとろみがつきにくかったり、色が薄かったりしたら、手順5でローストカレーパウダーを小さじ½ほど追加してください。

MATCH　ポテトカレー P.47
パイナップルのサラダ P.68

ジャフナは北スリランカの地域名で、
インドにルーツをもつ人たちが多く暮らしています。
このカレーの特徴は赤い唐辛子を使うこと。
パンと一緒に食べるスタイルも人気です。

Shami's Recipe

ヤーパネ・クラマヤッタ・ウールマス・ホディ

ジャフナスタイル・ポークカレー　යාපනේ කුමයට ඌරු මස් හොදි　※冷凍可

材料(2人分)

豚ロース(とんかつ用など)(1cm幅に切る)ⓐ　200g
ゴラカ　5g　*梅干しの果肉1個分で代用可
水　¼カップ

A｜塩　小さじ½
　｜カレーパウダー　小さじ1
　｜ローストカレーパウダー　小さじ1
　｜ターメリックパウダー　小さじ¼

にんにく(みじん切り)　2片
生姜(みじん切り)　1片

B｜玉ねぎ(薄切り)　中½個
　｜鷹の爪(ななめ切り)🌶　1本
　｜青唐辛子(ななめ切り)🌶　1本
　｜カレーリーフ　20枚
　｜シナモンスティック　3片
　｜クローブ　2粒

トマト(2cm角切り)　中⅓個
カレーパウダー　小さじ2
水　½カップ
油　大さじ2

作り方

1. ゴラカと水¼カップを耐熱容器に入れ、やわらかくなるまでレンジで加熱(目安は6分ほど)。指でつぶせるくらいの硬さになったら汁ごとすり鉢に移して細かくなるまですりつぶす。(梅干しの場合は種を取り果肉を包丁でたたく。湯は別途用意する)

2. 豚肉とA、1を汁ごとあわせ、手でもみ込み10～15分おくⓑ。

3. 鍋に油を熱し、にんにく、生姜を弱火で香りが出るまで炒めたら、Bを加え、中火で玉ねぎの端がほんのり茶色く色づくまで炒める。

4. カレーパウダーと水½カップ、2を下味のスパイスごと加え、ふたをして中火で煮込む。

5. 沸騰したらトマトを加え、ふたをして中火で肉に火が通るまで煮込むⓒ。

6. 豚肉に火が通ったらふたを取り、グレービーにとろみがつくまで水分をとばす。

MEMO　手順4では2の容器に分量の水を入れて、調味料を余さず使うと◎。
添えたパンは10gのバターににんにくひとかけをすりおろして混ぜ、パンに塗りトーストしたガーリックブレッドです。

MATCH　オクラカレー P.46
干し小えびのあえもの P.71

ⓐ

ⓑ

ⓒ

少しクセのあるマトンは
香味野菜やスパイスを
たっぷり使うことで
ぜいたくなカレーに。

エルマス・ホディ・ミリサタ

マトンカレー එළුමස් හොදි මිරිසට ※冷凍可

材料（2人分）

マトン（ひと口大に切る）　300g
（骨つきの場合。骨なしの場合は240g）＊ラムでも可

A にんにく（すりおろす）　3片
　生姜（すりおろす）　2片
　パクチー（葉と茎をみじん切り）　3本
　プレーンヨーグルト　大さじ1
　カレーパウダー　小さじ1
　チリパウダー🌶　小さじ1（🟫小さじ2）
　塩　小さじ½
　ターメリックパウダー　小さじ¼

B シナモンスティック　3片
　パンダンリーフ（1×3cmに切る）　3枚
　カルダモン（つぶす）　4粒
　クローブ　4粒
　レモングラス　2cm程度を2枚

チリパウダー　小さじ½（🟫小さじ1）
ローストカレーパウダー　小さじ1½

C トマト（2cm角切り）　中⅙個
　玉ねぎ（薄切り）　中⅙個
　青唐辛子（ななめ切り）🌶　1本
　塩　小さじ¼

ココナツミルク　¼カップ
　ココナツミルクパウダー　大1
　湯　¼カップ

油　大さじ1½
パクチー（葉と茎をざく切り）　1本

作り方

1. マトンにAを手でもみ込み、20～30分おく。

2. 鍋に油を熱し、Bを入れて香りが立つまで炒め、1を下味の
   スパイスごと、チリパウダー、ローストカレーパウダーを加え
   て中火で炒める。

3. 全体が混ざったら、マトンがひたるくらいまで水（分量外）を
   入れ、ふたをしてときおり混ぜながら弱めの中火で5分間
   ほど煮込む。

4. Cを加えてふたをし、水分がマトンの高さの半分になるまで
   中火で煮込んだら、ココナツミルクを加え、ふたはせずに中
   火でとろみがつくまでふたたび煮込む。最後にパクチーを
   添える。

MATCH 瓜カレー P.52
ゴーヤのあえもの P.68

やわらかいいかを使って、
火を通し過ぎないのがポイントです。

Rebecca's
Recipe

ダッロ・ホディ・キラタ

いかカレー දැල්ලො හොදි කිරට

材料(2人分)

いかの胴(輪切り)　200g　*リング状の冷凍いかでも可
にんにく(みじん切り)　1片

A　玉ねぎ(薄切り)　中⅙個
　　カレーリーフ　10〜12枚
　　青唐辛子(ななめ切り)　1本
　　シナモンスティック　3片
　　パンダンリーフ(1×3cmに切る)　4枚

B　トマト(くし切り)　中⅙個
　　カレーパウダー　小さじ1
　　ターメリックパウダー　小さじ½
　　塩　小さじ¼
　　フェヌグリーク　ひとつまみ

油　大さじ2

ココナツミルク　1カップ
　　ココナツミルクパウダー　大さじ3
　　湯　1カップ

作り方

1. 鍋に油を熱し、にんにくを弱火で香りが出るまで炒めたらA
   を加え、中火で玉ねぎの端がほんのり茶色く色づくまで炒
   める。

2. Bを加えサッと炒めあわせたらいかを加え、まぶすように弱
   火で炒める。

3. 全体が均一に混ざったら、ココナツミルクを加えて中火にし
   ⓐ、水分がとんでとろみがついたら完成。

MATCH　いんげんのスパイス炒め P.64
　　　　　干し小魚のピリ辛炒め P.72

ⓐ

保存食として作られてきたスリランカの伝統料理。
スリランカ産の黒こしょうがもつうまみを最大限に生かした一品で、
新鮮な魚が獲れるスリランカ南部の名物でもあります。

Shami's
Recipe

アンブルティヤル
まぐろの黒こしょう煮 අම්බුල්තියල් 〔冷凍可〕

材料（2人分）

魚の切り身（3cm角切り）　200g
＊まぐろやかつおが一般的
ゴラカ　20g　＊梅干しの果肉1個分で代用可
水　¾カップ
黒こしょう　大さじ1
塩　小さじ2（梅干しを使う場合は小さじ1）
カレーリーフ　20枚
青唐辛子（ななめ切り）　1本
にんにく（薄切り）　2〜4片（お好みで）

作り方

1. ゴラカと水¾カップを耐熱容器に入れて、指でつぶせるくらいの硬さになるまでレンジで加熱（目安は6分ほど）。ゴラカを取り出し、すり鉢でする。取り出したあとの湯はとっておく。（梅干しの場合は種を取り果肉を包丁でたたく）

2. 1と黒こしょう、塩に1で残した湯大さじ4を加えてペースト状にする ⓐ。（梅干しの場合は水大さじ4を別途用意する）

3. 魚に2をまぶす ⓑ。

4. 小ぶりの鍋にペーストごと3を入れ、1の残りの湯を魚が半分つかるくらいまで加える。足りなければ水を適宜足す。

5. カレーリーフと青唐辛子、にんにくをのせてふたをし、弱めの中火で加熱する。

6. 3分ほど煮たら身がくずれないようにひっくり返し、ふたをして魚に火が通るまで煮る。

7. 水分がほぼなくなり、魚にペーストがからんだら完成。

MEMO 梅干しで代用した場合、ゴラカで作る時ほど、仕上がりの色は黒くなりません。

MATCH カシューナッツカレー P.48
ココナツのあえもの P.58

魚の身を割った断面。ゴラカの成分が魚の身を引き締めるので、しっかりしたかみごたえになる。

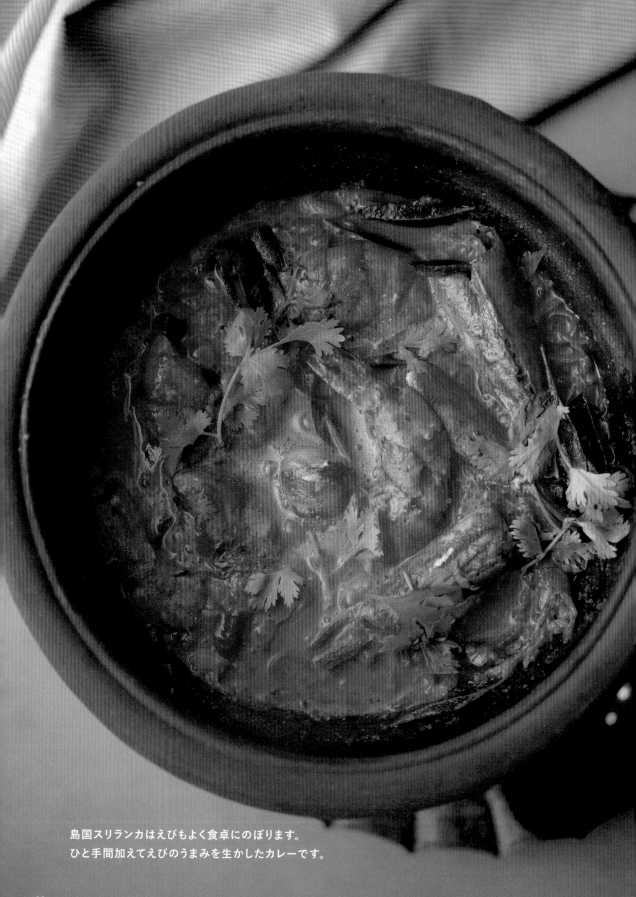

島国スリランカはえびもよく食卓にのぼります。
ひと手間加えてえびのうまみを生かしたカレーです。

イッソ・ホディ・ミリサタ

えびカレー ඉස්සො හොදි මිරිසට

材料（2人分）

有頭えび（背わたを取り身と頭をわける） 200g
にんにく（みじん切り） 2片
生姜（みじん切り） 2片

A｜玉ねぎ（薄切り） 中⅙個
　｜カレーリーフ 10〜12枚
　｜青唐辛子（ななめ切り）♪ 1本
　｜シナモンスティック 3片
　｜パンダンリーフ（1×3cmに切る） 4枚

B｜カレーパウダー 小さじ1
　｜チリパウダー♪ 小さじ1（🟥小さじ3）
　｜塩 小さじ½
　｜フェヌグリーク ひとつまみ

トマト（くし切り） 中⅙個
パクチー（葉と茎はざく切り。根は洗って取っておく） 2本
油 大さじ2

ココナツミルク ¾カップ
　｜ココナツミルクパウダー 大さじ3
　｜湯 ¾カップ

作り方

1. 鍋に油を熱し、えびの頭を強火でよく炒める。

2. にんにく、生姜を入れて弱火にして香りが立つまで炒め、A
   とパクチーの根を入れ中火にし、玉ねぎの端がほんのり茶
   色く色づくまで炒める ⓐ。

3. Bを加えサッと混ぜてからココナツミルクを加える。ふたを
   して弱火で3分ほど煮込み、えびの頭のうまみをグレービー
   に移す ⓑ。

4. トマト、えびの身を加え、ふたをして弱火で1分煮込み、途
   中でえびの身を返して再度ふたをして弱火で1分。

5. ふたを取ってグレービーにとろみがつくまで中火で煮込ん
   だら、パクチーの根を取りのぞき、塩（分量外）で味をととの
   える。火を止め、パクチーの葉と茎を散らす。

MEMO 有頭えびでない場合は、手順1は省きます。手順3では、
ココナツミルクが煮立ったらすぐに手順4へ。

MATCH なすの揚げびたし P.60
ムクヌウェンナの蒸し炒め P.63

さばの缶詰を使って手軽に。
ゴラカとトマトの酸味がさば特有の脂をうまくまとめていて、
濃厚なグレービーはごはんのよいおともです。

サマン・ホディ・ミリサタ

さば缶カレー සැමන් හොදි මිරිසට ※冷凍可

材料（2〜3人分）

さば水煮缶（水をきる）　1缶（190g）
にんにく（みじん切り）　2片
生姜（みじん切り）　1片

A　玉ねぎ（薄切り）　中⅙個
　　カレーリーフ　10〜12枚
　　青唐辛子（ななめ切り）🌶　1本
　　マスタードシード　小さじ½
　　カルダモン　1個
　　クローブ　3個

B　チリパウダー🌶　小さじ1½（🟫大さじ1）
　　ローストカレーパウダー　小さじ1強
　　ターメリックパウダー　小さじ½
　　こしょう　小さじ¼
　　塩　小さじ1

ゴラカ　2g　＊梅干しの果肉½個分で代用可

ココナツミルク　1カップ
　　ココナツミルクパウダー　大さじ2
　　湯　1カップ

トマト（くし切り）　中¼個
油　大さじ2

作り方

1. 鍋に油を熱し、にんにく、生姜を弱火で香りが出るまで炒めたら、Aを加え中火にし、玉ねぎの端がほんのり茶色く色づくまで炒める。

2. Bを加え、サッとあえるように炒める。

3. さば、ココナツミルク、ゴラカをフライパンに加え、強火で焦がさないよう底をゆすりつつ、さばにココナツミルクをかけながら煮立たせる⒜。

4. 煮立ったらトマトを加え、中火にしてココナツミルクの水分がとび、とろみが出てくるまで煮込む。

MEMO　ゴラカはそのまま鍋に加えます。さばの身が大きければ、ココナツミルクにひたりやすいように半分に割ってください。

MATCH　ムクヌウェンナの蒸し炒め P.63
スリランカ・ピクルス P.66

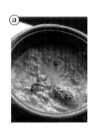

MEMO

ブラックポークカレーやジャフナスタイル・ポークカレー、まぐろの黒こしょう煮でも使ったゴラカは、肉や魚の臭み消しに使われます。

左上がゴラカ。消化を助ける働きも。

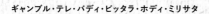

ギャンブル・テレ・バディ・ビッタラ・ホディ・ミリサタ

ゆで卵を揚げることで、グレービーがからみやすくなります。
トマトの酸味がアクセント。

卵カレー3種

ブルズアイ・ビッタラ・キリホディ

落とし卵がグレービーにからんで
まろやかな味わい。
卵をきれいに丸くするには
グレービーをしっかり煮立たせて。

オムレット・ホディ・ミリサタ
青唐辛子が入るスリランカオムレツはサンドイッチの具にも。
最後にローストカレーパウダーでコクを出します。

Rebecca's Recipe

ギャンブル・テレ・バディ・ビッタラ・ホディ・ミリサタ

揚げ卵カレー ගැඹුරු තෙලේ බැදි බිත්තර හොදි මිරිසට

材料（2人分）

ゆで卵　M玉2個
にんにく（みじん切り）　1片

A｜玉ねぎ（薄切り）　中¼個
　｜青唐辛子（ななめ切り）🌶　1本
　｜カレーリーフ　10〜12枚
　｜シナモンスティック　3片

B｜トマト（1cm角切り）　中⅓個
　｜塩　小さじ½
　｜チリパウダー🌶　小さじ½
　｜カレーパウダー　小さじ½
　｜フェヌグリーク　ひとつまみ

ココナツミルク　1カップ
　｜ココナツミルクパウダー　大さじ5
　｜湯　1カップ

油　大さじ1
揚げ油　適量

作り方

1. ゆで卵をきつね色になるまで油で素揚げにする@。

2. 鍋に油を熱し、にんにくを弱火で香りが出るまで炒めたら、Aを加え中火で玉ねぎの端がほんのり茶色く色づくまで炒める。

3. Bを加えサッと混ぜあわせたら、ココナツミルクと1を加えて煮立たせるⓑ。水分がとび、とろみが出るまでグレービーを卵にまわしかけながら煮込む。

MEMO ゆで卵の素揚げ時間の目安は180℃で4分ほど。

MATCH ビーツカレー P.49 / 空芯菜のスパイス炒め P.67

Rebecca's Recipe

ブルズアイ・ビッタラ・キリホディ

ポーチドエッグカレー බුල්සයි බිත්තර කිරිහොදි

材料（2人分）

卵　M玉2個
にんにく（みじん切り）　1片

A｜玉ねぎ（薄切り）　中¼個
　｜カレーリーフ　10〜12枚
　｜青唐辛子（ななめ切り）🌶　1本
　｜シナモンスティック　2片

B｜トマト（1cm角切り）　中¼個
　｜塩　小さじ½
　｜ターメリックパウダー　小さじ½
　｜フェヌグリーク　ひとつまみ

ココナツミルク　1カップ
　｜ココナツミルクパウダー　大さじ5
　｜湯　1カップ

油　大さじ1

作り方

1. 鍋に油を熱し、にんにくを弱火で香りが出るまで炒めたら、Aを加え中火で玉ねぎの端がほんのり茶色く色づくまで炒める。

2. Bを入れてサッと炒める。

3. ココナツミルクを加えて、焦がさないようにかき混ぜながら強火で煮立たせる。

4. 煮立ったら強火のまま卵を1つずつ割り入れ©、グレービーを卵にかけながら固めていく。

5. 卵が固まり、グレービーにとろみがついたら完成。

MEMO 卵をグレービーに落とすときは、2つの卵がくっつかないようにひとつずつ落としてください。

MATCH ココナツのあえもの P.58
いんげんのスパイス炒め P.64

Nilanka's Recipe

オムレット・ホディ・ミリサタ

スリランカオムレツカレー බිත්තර ඔම්ලට් හොදි මිරිසට

材料（2人分）

＜オムレツ＞

卵　M玉2個

A｜ 玉ねぎ（みじん切り）　中⅔個
　　青唐辛子（みじん切り）🌶 1本
　　塩　小さじ¼
　　こしょう　小さじ¼
　　チリフレーク🌶　小さじ¼

油　大さじ1½

＜グレービー＞

にんにく（みじん切り）　2片

B｜ 玉ねぎ（みじん切り）　中⅓個
　　青唐辛子（ななめ切り）🌶 1本
　　カレーリーフ　10〜12枚

C｜ トマト（2cm角切り）　中¼個
　　塩　小さじ½
　　チリパウダー🌶　小さじ½（🌶🌶小さじ1½）
　　ターメリックパウダー　小さじ¼
　　カレーパウダー　小さじ1
　　モルディブフィッシュ　小さじ1

ローストカレーパウダー　小さじ½

ココナツミルク　1カップ
　｜ ココナツミルクパウダー　大さじ3
　｜ 湯　1カップ

油　大さじ2

＜トッピング＞

ローストカレーパウダー　ひとつまみ

作り方

1. ボウルに卵を割り入れ、**A**を加えてよくかき混ぜる。

2. フライパンに油を熱し、**1**を入れて平らに広げ、ふたをして弱火で3〜4分ほど焼く。

3. ひっくり返してさらにふたをして2分ほど焼き、両面に焼き色 ⓓ がついたら皿などに取って5cm角に切る ⓔ。

4. オムレツを焼いたフライパンまたは別の鍋に油を熱し、にんにくを弱火で香りが出るまで炒めたら、**B**を加え、中火で玉ねぎの端がほんのり茶色く色づくまで炒める。

5. **C**を入れてサッと炒め、ココナツミルクを加えて、焦がさないようにかき混ぜながら強火で煮立たせる。

6. 沸騰したら、ローストカレーパウダーを加えてよく混ぜ、**3**を入れて ⓕ、2分ほど中火で煮る。

7. 皿に盛り、ローストカレーパウダーをかける。

MEMO　オムレツをフライ返しで押しつけながらしっかり焼くとグレービーに入れたとき煮くずれません。

MATCH　里いもカレー P.46
　　　　　ツボクサのあえもの P.62

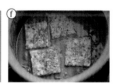

悪魔的な辛さの料理ですが、
このまかないレシピは小悪魔レベルなのでご安心を。

Rebecca's
Recipe

ククルマス・デビル

デビルチキン කුකුළුමස් දෙවල්

材料（2人分）

鶏もも肉（ひと口大に切る）　240g

A｜ターメリックパウダー　小さじ½
　｜こしょう　小さじ1弱
　｜塩　小さじ¼

小麦粉　適量
揚げ油　適量

B｜玉ねぎ（薄切り）　中½個
　｜青唐辛子（ななめ切り）🌶 1本
　｜カレーリーフ　10〜12枚
　｜パンダンリーフ（1×3cmに切る）　4枚

にんにく（みじん切り）　2片
生姜（みじん切り）　1片
トマト（くし切り）　中½個
トマトケチャップ　大さじ1½
塩　小さじ½
チリフレーク🌶 小さじ1（ 🌶小さじ2½）
油　大さじ2½
水　大さじ2

作り方

1. 水気をしっかり取った鶏肉にAをもみ込み、10〜15分おく。

2. 1に軽く小麦粉をはたき、180℃の油できつね色になるまで揚げる ⓐ。

3. フライパンに油を熱し、にんにく、生姜を弱火で香りが出るまで炒めたら、Bを加え中火で玉ねぎがしんなりするまで炒める。

4. 塩、チリフレークを加えて混ぜ、2とトマト、トマトケチャップを加えて強火で1分ほど炒める。

5. 水を加えて油分としっかりなじむように炒める。

MEMO　鶏肉を豚肉やえびに代えることもできます。

MATCH　ポテトカレー P.47
　　　　　マンゴーカレー P.53

ⓐ

野菜のカレー

එළවළු හොදි

スリランカはどんな野菜でもカレーにできる！
と言えるくらい野菜カレーの種類がとても豊富です。
同じ野菜でも調理法を変えて、バリエーション豊かに食事を楽しみます。
グレービーが多いものと少ないもの、赤、緑、黄、茶と色の違う食材を
組み合わせて、見栄えよく盛りつけるようにします。

ホディ hodi හොදි
グレービー多めのカレー

キラタ kirata කිරට
ココナツミルクをいかした淡い色のカレー。
辛味には青唐辛子のみを使う。または辛味を加えない。

マールワ maluwa මාළුව
煮詰めた濃い茶色のカレー

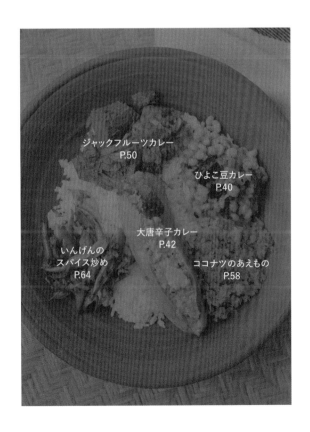

ジャックフルーツカレー
P.50

ひよこ豆カレー
P.40

大唐辛子カレー
P.42

いんげんの
スパイス炒め
P.64

ココナツのあえもの
P.58

豆カレー2種

和食でいうなら
お味噌汁的な存在のカレー。
手軽にできるのも魅力です。

豆のほっくりした食感が楽しいカレー。
青唐辛子なしで作れば子どもも大好きな一皿です。

パリップ・キラタ　レンズ豆カレー පරිප්පු කිරට ※冷凍可

皮なし
赤レンズ豆

材料（作りやすい分量）

赤レンズ豆（皮なし）　1½カップ

A│玉ねぎ（薄切り）　中¼個
　│にんにく（薄切り）　2片
　│カレーリーフ　10〜12枚
　│青唐辛子（ななめ薄切り）🌶1本
　│シナモンスティック　1片
　│カレーパウダー　小さじ1
　│ターメリックパウダー　小さじ¼
　│フェヌグリーク　ひとつまみ
　│水　1½カップ

ココナツミルク　¾カップ
　│ココナツミルクパウダー　大さじ2
　│湯　¾カップ

塩　小さじ½

作り方

1. レンズ豆をかぶるくらいの水（分量外）に10分間ひたしたあとザルにあげ、水気をきる。

2. 鍋に1とAを入れ中火にかけ、ふたをせずにやわらかくなるまで煮る@。焦げつかないように、ときおりかき混ぜる。

3. 豆がやわらかくなったら、ココナツミルクと塩を入れ、とろみが出るまで煮込む。

MATCH どんなカレーにも！

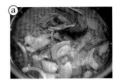
@

カダラ・パリップ・テンプラードァ　ひよこ豆カレー කඩල පරිප්පු තෙම්පරාදු ※冷凍可

材料（3〜4人分）

乾燥ひよこ豆　1カップ

A│玉ねぎ（薄切り）　中¼個
　│にんにく（みじん切り）　1片
　│カレーリーフ　10〜12枚
　│青唐辛子（ななめ薄切り）🌶1本
　│シナモンスティック　1片
　│カレーパウダー　小さじ1
　│ターメリックパウダー　小さじ¼
　│フェヌグリーク　ひとつまみ
　│水　1¾カップ（豆がかぶる程度）

ココナツミルク　¾カップ
　│ココナツミルクパウダー　大さじ2½
　│水　¾カップ

塩　小さじ½

＜トッピング＞

玉ねぎ（薄切り）　中⅓個
にんにく（薄切り）　2片
カレーリーフ　10〜12枚
鷹の爪（小口切り）🌶2本
チリフレーク🌶　小さじ1
マスタードシード　小さじ½
ココナツオイル　大さじ2

作り方

＜下準備＞

ひよこ豆を3カップの水（分量外）に一晩ひたす。

1. 豆をザルにあげて水気をきり、フードプロセッサーで粗く砕くⓑ。

2. 鍋に1とAを入れ、ふたをして中火にかける。

3. 沸騰したらかき混ぜ、再度ふたをして弱火で煮る。吹きこぼれそうになったら、ふたをずらす。

4. 豆が指でつぶせるほどのやわらかさになったらふたを取り、焦がさないようにかき混ぜながら水分をとばすⓒ。

5. ココナツミルク、塩を加え、全体にとろみがつくまで煮る。

＜トッピング＞

1. フライパンに油を熱し、鷹の爪、にんにく、カレーリーフを中火で炒め、香りが立ったら、チリフレーク、マスタードシードを加えてサッと炒める。

2. 玉ねぎを加えて、弱火でしんなりとするまで炒める。

MEMO 豆を砕く時、フードプロセッサーがなければ、ビニール袋に入れてめん棒などでたたいても。皮なしのひきわり乾燥ひよこ豆の場合は、水にひたすだけで砕く必要はありません。

MATCH どんなカレーにも！

ひよこ豆

皮なしひきわり
ひよこ豆

ⓑ

ⓒ

唐辛子のもつ上品な香りを思う存分楽しめる一品ですが、
手間のせいか一般の食堂で出てくることはまずありません。
家庭料理ならではのやさしさが詰まっています。

42

マールミリス・ピラウマ・キラタ

大唐辛子カレー මාළු මිරිස් පිරවුම කිරට ※ 冷凍可

材料（2～4人分）

大唐辛子 4～5本
＊万願寺唐辛子や甘長唐辛子、
　ジャンボししとう8～10本で代用可

＜フィリング＞

にんにく（みじん切り）　1片
玉ねぎ（みじん切り）　中½個
モルディブフィッシュ　大さじ2½
卵　M玉3個
ターメリックパウダー　小さじ½
塩　小さじ¼
油　大さじ2½

＜グレービー＞

A｜トマト（1cm角切り）　中¼個
　｜カレーリーフ　10～12枚
　｜シナモン　3片

B｜塩　小さじ½
　｜ターメリック　小さじ¼
　｜フェヌグリーク　ひとつまみ

ココナツミルク　1¼カップ
　｜ココナツミルクパウダー　大さじ6
　｜湯　1¼カップ

油　大さじ1

作り方

1. 大唐辛子に縦に切り込みを入れて種を取り出す ⓐ。

2. 鍋に油大さじ2½を熱し、にんにくを弱火で香りが出るまで炒めたら、玉ねぎとモルディブフィッシュを加え、玉ねぎの端がほんのり茶色く色づくまで中火で炒める。

3. 卵を割り入れて少し固まるまで待ち ⓑ、ランダムにかたまりを残しつつざっくりとほぐすように中火で炒める。

4. ターメリックパウダーと塩を加えて、全体が均一に黄色くなるまで炒めたらバットなどにあげて粗熱をとる。

5. 4を、1で切り込みを入れた大唐辛子に詰める ⓒ。

6. 少し深さのある鍋に油大さじ1を熱し、Aを入れ、全体に油がまわるように中火で炒めたら、Bを入れてさらにサッと炒める。

7. 詰めた大唐辛子の切り込みを上にして並べ、ふたをして弱めの中火で1分程度蒸し焼きにする。

8. ココナツミルクをひたひたに入れてふたをして中火で煮る。大唐辛子に火が通ったらふたを取り、焦げつかないよう鍋をゆすりながら、水分がとんでとろみがつくまで煮込む。

MEMO 大きな唐辛子が手に入らない場合はピーマンでも。その場合は手順2で青唐辛子のみじん切り1本分を追加して、玉ねぎと一緒に炒めてください。

MATCH これ自体がメインになるので、どんな野菜カレーや副菜でも！

キリアラ・ホディ・キラタ
最後にローストカレーパウダーを
振ると味に深みが増します。

バンダッカ・キラタ
オクラとモルディブフィッシュは、
おかかあえのように相性がよい組み合わせ。

アラ・ホディ・キラタ
スリランカでは赤ちゃんの離乳食として作られます。
やさしい味わいは大人になってもみんなが大好き。

こっくりグレービー系4種

ワッタカ・マールワ

かぼちゃが少し煮くずれて甘味の出たグレービーがたまりません。
鍋に材料を入れて煮込むだけ、というお手軽さもうれしい限り。

45

Shami's Recipe
キリアラ・ホディ・キラタ
里いもカレー කිරි අල හොදි කිරට ❄冷凍可

材料（2人分）

里いも（皮をむいてひと口大に切る）　中3個
塩　小さじ½
ターメリックパウダー　ひとつまみ

A｜玉ねぎ（薄切り）　中⅙個
　｜にんにく（みじん切り）　2片
　｜カレーリーフ　10〜12枚
　｜パンダンリーフ（1×5cmに切る）　3枚
　｜青唐辛子（ななめ切り）🌶　1本
　｜塩　小さじ½
　｜カレーパウダー　小さじ½
　｜ターメリックパウダー　小さじ¼
　｜フェヌグリーク　ひとつまみ

ココナツミルク　1¼カップ
　｜ココナツミルクパウダー　大さじ3
　｜湯　1¼カップ

マスタードシード　小さじ¼
ローストカレーパウダー（トッピング用）　ひとつまみ

作り方

1．里いもに塩（分量外）をまぶしてぬめりを取り、水で洗う。

2．鍋に1とかぶる程度の水（分量外）とターメリックパウダー、塩を入れ、やわらかくなるまでゆでる ⓐ。

3．ザルにあげて水気をきり、少し深さのある鍋にA、ココナツミルクとともに入れ ⓑ、中火で一度煮立たせる。

4．煮立ったらマスタードシードを入れ、ふたはせずに中火で水分がとんでとろみがつくまで煮込む。

5．皿に盛ったあと、ローストカレーパウダーを振る。

MEMO 里いものぬめりを取ることで、グレービーのおいしさがしみ込みやすくなります。

MATCH ムクヌウェンナの蒸し炒め P.63 / 干し小魚のピリ辛炒め P.72

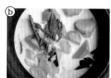

Rebecca's Recipe
バンダッカ・キラタ
オクラカレー බණ්ඩක්කා කිරට

材料（2人分）

オクラ（長さ2cmのななめ切り）　5〜6本
にんにく（みじん切り）　1片

A｜玉ねぎ（薄切り）　中⅙個
　｜青唐辛子（ななめ切り）🌶　1本
　｜パンダンリーフ（1×5cmに切る）　3枚
　｜モルディブフィッシュ　小さじ3
　｜カレーリーフ　10〜12枚
　｜シナモンスティック　3片

B｜カレーパウダー　小さじ1
　｜ターメリックパウダー　小さじ½
　｜フェヌグリーク　ひとつまみ
　｜塩　小さじ½

トマト（くし切り）　中⅙個
油　大さじ1

ココナツミルク　½カップ
　｜ココナツミルクパウダー　大さじ3
　｜湯　½カップ

作り方

1．フライパンに油を熱し、にんにくを弱火で香りが出るまで炒めたらAを加え、中火で玉ねぎの端がほんのり茶色く色づくまで炒める。

2．Bを加えサッと混ぜたら、オクラを入れて全体が均一になるように炒める。

3．オクラがしんなりしたら、トマト、ココナツミルクを加え ⓒ、ふたはせず中火で水分がとんでとろみがつくまで煮込む。

MEMO いんげんやカリフラワーなどでもおいしくできます。

MATCH さば缶カレー P.30 / にんじんのあえもの P.68

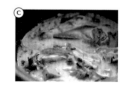

アラ・ホディ・キラタ

ポテトカレー අල හොදි කිරට

材料（2人分）

じゃがいも（ひと口大に切る）　中2個
塩　2つまみ

A｜玉ねぎ（みじん切り）　中⅙個
　｜パンダンリーフ（1×5cmに切る）　3枚
　｜カレーリーフ　10〜12枚
　｜モルディブフィッシュ　小さじ3
　｜塩　小さじ½
　｜ターメリックパウダー　小さじ¼

ココナツミルク　1カップ
　｜ココナツミルクパウダー　大さじ3
　｜湯　1カップ

作り方

1. 鍋にじゃがいもとかぶる程度の水（分量外）と塩を加え、やわらかくなるまでゆでる。

2. ザルにあげ水気をきり、少し深さのある鍋にA、ココナツミルクとともに入れる ⓓ。

3. ふたをして中火で玉ねぎに火が通るまで煮込む。

MATCH チキンカレー P.18 / いんげんのスパイス炒め P.64

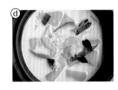

ワッタカ・マールワ

かぼちゃカレー වට්ටක්කා මාළුව ❋冷凍可

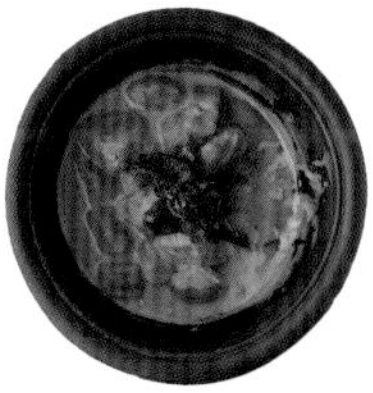

材料（2人分）

かぼちゃ（ひと口大に切る）　200g

A｜玉ねぎ（薄切り）　中⅙個
　｜にんにく（みじん切り）　1片
　｜青唐辛子（ななめ切り）🌶　1本
　｜カレーリーフ　10〜12枚
　｜パンダンリーフ（1×3cmに切る）　1枚
　｜ターメリックパウダー　小さじ¼
　｜チリパウダー🌶　小さじ¼
　｜塩　小さじ½
　｜水　½カップ

ココナツミルク　½カップ
　｜ココナツミルクパウダー　大さじ2
　｜湯　½カップ

＜トッピング＞

玉ねぎ（薄切り）　中⅙個
青唐辛子（ななめ切り）🌶　1本
カレーリーフ　10枚
にんにく（薄切り）　1片
マスタードシード　小さじ½
チリパウダー🌶　小さじ½
油　大さじ2½

作り方

1. 鍋にかぼちゃとAを入れ、ふたをして中火でやわらかくなるまで煮る。水分がなくなってしまったら水を適宜足す。

2. かぼちゃに火が通ったらココナツミルクを加え ⓔ、ふたはせずに中火でココナツミルクの水分がとんでとろみがつくまで煮込む。

3. フライパンに中火で油を熱し、マスタードシードを入れ、5秒ほどしたら玉ねぎ、青唐辛子、カレーリーフ、にんにくを入れる。

4. 全体がきつね色になってカリッとしたら、チリパウダーを加え、混ぜあわせて火を止める ⓕ。

5. 2にオイルごとトッピングする。

MEMO トッピングは、食べる時には混ぜてください。

MATCH ジャフナスタイル・ポークカレー P.22 / ゴーヤのあえもの P.68

スリランカの名産品、
大ぶりで甘みが強い
カシューナッツで作るカレーは
濃厚でクリーミー。

Rebecca's Recipe

カジュ・マールワ

カシューナッツカレー කජු මාළුව ※冷凍可

材料（3〜4人分）

カシューナッツ（生）　140g
にんにく（みじん切り）　2片

A　玉ねぎ（薄切り）　中⅙個
　　青唐辛子（ななめ薄切り）　1本
　　カレーリーフ　10〜12枚
　　シナモンスティック　3片
　　フェヌグリーク　ひとつまみ

ターメリックパウダー　小さじ½
塩　小さじ1弱
水　大さじ3

ココナツミルク　1カップ
　　ココナツミルクパウダー　大さじ5
　　湯　1カップ

油　大さじ1

作り方

1. 鍋に油を熱し、にんにくを入れて弱火で香りが立つまで炒め、Aを入れ中火で玉ねぎの端がほんのり茶色く色づくまで炒める。

2. カシューナッツ、ターメリックパウダー、塩を入れ、水を加えふたをして弱火で3分ほど蒸し焼きにする。

3. ふたを取って全体をかき混ぜ、ココナツミルクを入れて中火にする⒜。

4. 水分がとんでとろみがつくまで煮込む。

MATCH　大唐辛子カレー P.42
　　　　　ココナツのあえもの P.58

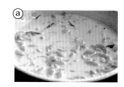

⒜

「食べる鉄分」とも言われる
栄養満点なビーツ。
辛くない一品なので子どもにも。

ビートルートゥ・キラタ

ビーツカレー ඩටට කිරට ❋冷凍可

材料（2〜3人分）

ビーツ（皮をむいてせん切り） 200g
玉ねぎ（薄切り） 中⅙個
にんにく 1片（薄切り）
カレーリーフ 10〜12枚
モルディブフィッシュ 小さじ2
シナモンスティック 3片
ターメリックパウダー 小さじ½
塩 小さじ½

ココナツミルク 80ml
　ココナツミルクパウダー 大さじ2
　湯 80ml

水 大さじ1
油 大さじ1

作り方

1. 鍋に油を熱し、にんにくを弱火で香りが立つまで炒め、玉ねぎ、カレーリーフ、シナモンスティックを入れ、玉ねぎの端がほんのり茶色く色づくまで中火で炒める。

2. ターメリックパウダー、塩、ビーツを加え、全体に油がまわるように中火で炒めたらモルディブフィッシュを入れる。

3. ビーツに少し火が入るまで中火で炒め、水を加えてふたをしたら、弱火で5分ほど加熱する。

4. ふたを外してココナツミルクを加える⒜。中火でグレービーがビーツにからむまで焦げないようにかき混ぜながら水分をとばして完成。

MEMO 全体に火の通りが均一になるよう、ビーツを同じ太さのせん切りにし、食感が残る程度に煮込むのがおいしさの秘訣。

MATCH キャベツカレー P.51
瓜カレー P.52

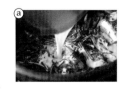

スリランカらしいカレーの代表格。
肉に似た食感から
ベジタリアンプレートにも
多用されます。

Rebecca's Recipe

ポロス・マールワ

ジャックフルーツカレー පොලොස් මාළුව　☀冷凍可

ジャックフルーツ

材料（4人分）

ジャックフルーツ（ひと口大に切る）　350g
＊たけのこの水煮で代用可
にんにく（みじん切り）　3片
生姜（みじん切り）　1片

A　玉ねぎ（薄切り）　中¼個
　　青唐辛子（ななめ切り）🌶　1本
　　カレーリーフ　10〜12枚
　　パンダンリーフ（1×3cmに切る）　6枚
　　シナモンスティック　3片

B　カレーパウダー　小さじ2
　　ローストカレーパウダー　小さじ4
　　チリパウダー🌶　小さじ1（[img]大さじ1）
　　塩　小さじ¾（たけのこ水煮の場合は小さじ1）
　　フェヌグリーク　ひとつまみ

トマト（薄切り）　中¼個
水　¾カップ
油　大さじ3

ココナツミルク　1カップ
　　ココナツミルクパウダー　大さじ2
　　湯　1カップ

作り方

1. ジャックフルーツにターメリックパウダー小さじ⅓、塩小さじ½（いずれも分量外）をまぶしてもみ込んだあと、水で洗いぬめりを取る。

2. 鍋に油を熱し、弱火でにんにく、生姜を香りが立つまで炒め、Aを入れて中火で玉ねぎの端がほんのり茶色く色づくまで炒める。

3. Bを加えて全体をサッと混ぜ、ジャックフルーツを入れてまぶすように炒める。

4. 全体が混ざったら水、トマトを加えふたをして、ジャックフルーツがやわらかくなるまで10分ほど中火で煮込む。

5. ふたを取ってココナツミルクを加え、グレービーがジャックフルーツにからむまで水分をとばす。

MATCH　空芯菜のスパイス炒め P.67
　　　　　　パイナップルのサラダ P.68

MEMO

たけのこの水煮を使う場合は手順1と4を省き、ココナツミルクと一緒に水とトマトを加えてください。

いつもの野菜で手軽に挑戦できます。
キャベツの歯ごたえが
少し残る程度で火を止めて。

Nilanka's Recipe

ゴーワ・キラタ

キャベツカレー ගෝවා කිරට

材料（2〜3人分）

キャベツ（粗せん切り）　70g
玉ねぎ（薄切り）　中⅙個
にんにく（薄切り）　2片
青唐辛子（ななめ切り）　1本
カレーリーフ　10〜12枚
ターメリックパウダー　小さじ¼
塩　小さじ½

ココナツミルク　¼カップ
　ココナツミルクパウダー　大さじ1
　湯　¼カップ

ローストカレーパウダー（トッピング）　ひとつまみ
油　大さじ1

作り方

1. 鍋にキャベツを入れ、その上に玉ねぎ、にんにく、青唐辛子、カレーリーフをのせる。

2. 塩、ターメリックパウダーを加えて、油をまわしかけⓐ、ふたをして弱火で蒸し焼きにする。

3. 3〜4分ほどして野菜がしんなりしたら底からかき混ぜ、水分を全体にまわしながら中火で1分ほど炒める。

4. ココナツミルクを加えて、強火で少しとろみが出るまで煮込む。

5. 皿に盛り、ローストカレーパウダーを振りかける。

MATCH マトンカレー P.24
　　　　揚げ卵カレー P.34

ローストカレーパウダーを多めに使い、
茶色く仕上げるのがスリランカ流。

Rebecca's Recipe

カキリ・マールワ

瓜カレー කැකිරි මාළුව ❄冷凍可

材料（3〜4人分）

瓜（種を取り皮をむいてひと口大に切る）　300g
にんにく（みじん切り）　2片
生姜（みじん切り）　3片

A｜玉ねぎ（薄切り）　中⅙個
　｜青唐辛子（ななめ切り）🌶1本
　｜カレーリーフ　10〜12枚
　｜パンダンリーフ（1×3cmに切る）　3枚
　｜シナモンスティック　3片

B｜カレーパウダー　小さじ1
　｜ローストカレーパウダー　大さじ1
　｜チリパウダー🌶　小さじ½（🌶🌶小さじ2強）
　｜フェヌグリーク　ひとつまみ

トマト（薄切り）　中¼個
油　大さじ2
塩　小さじ½
水　1カップ

ココナツミルク　¾カップ
　｜ココナツミルクパウダー　大さじ2
　｜湯　¾カップ

作り方

1. 鍋に油を熱し、弱火でにんにく、生姜を香りが立つまで炒め、Aを入れて中火で玉ねぎの端がほんのり茶色く色づくまで炒める。

2. Bを加え、軽く混ぜたらトマトを加え、全体の色が均一になるようにサッと炒める。

3. 瓜と塩を加え、2をまぶすように炒めたら、水を加えふたをし、瓜がやわらかくなるまで中火で煮るⓐ。

4. 瓜がやわらかくなり透明感が出たらココナツミルクを加え、グレービーが瓜にからむまで焦げないようにかき混ぜながら水分をとばす。

MEMO　大根やかぶでもおいしくできます。

MATCH　スリランカオムレツカレー P.35
　　　　　オクラカレー P.46

マンゴーが豊富で身近なスリランカ。
カレー用には熟していない青いマンゴーを使います。

Rebecca's Recipe

アンバ・マールワ

マンゴーカレー ඇම්බ මාළුව ※冷凍可

材料（作りやすい分量）

マンゴー（熟れていないもの）　320g
*りんごM1個（皮つき）で代用可
にんにく（みじん切り）　2片
生姜（みじん切り）　1片

A ┃ 玉ねぎ（薄切り）　中½個
　 ┃ シナモンスティック　4片
　 ┃ パンダンリーフ（1×3cmに切る）　4枚
　 ┃ カレーリーフ　10～12枚
　 ┃ 青唐辛子（ななめ切り）　1本

B ┃ カレーパウダー　小さじ1½
　 ┃ ローストカレーパウダー　小さじ4
　 ┃ チリパウダー　小さじ½（ 小さじ2）
　 ┃ 塩　小さじ¾

フェヌグリーク　ひとつまみ
水　¾カップ

ココナツミルク　1カップ
　 ┃ ココナツミルクパウダー　大さじ4
　 ┃ 湯　1カップ

砂糖　大さじ1
油　大さじ1

作り方

1. マンゴーを皮つきのまま4等分に切り、種を取りのぞく。切ったマンゴーに包丁で切れ目を入れるⓐ。

2. 鍋に油を熱し、弱火でにんにく、生姜を香りが立つまで炒め、Aを入れて中火で玉ねぎの端がほんのり茶色く色づくまで炒める。

3. フェヌグリークを入れて軽く炒めたら、弱火にしてBを加える。

4. 水とマンゴーを加えてかき混ぜ、ふたをしてマンゴーがやわらかくなるまで中火で煮る。

5. ココナツミルクと砂糖を加え、グレービーがマンゴーにからむまで水分をとばす。

MEMO りんごで代用する場合は、りんごをひと口大にカット。砂糖は抜いてください。

MATCH ブラックポークカレー P.20
四角豆のスパイス炒め P.64

野菜のおかず

එළවළු අතුරු කෑම

にんじん
のあえもの
P.68

ツボクサのあえもの
P.62

いんげんの
スパイス炒め
P.64

唐辛子の
ペースト
P.87

空心菜の
スパイス炒め
P.67

ココナツの
あえもの
P.58

スリランカ・ピクルス
P.66

四角豆のスパイス炒め
P.64

玉ねぎの甘辛炒め
P.87

おかずの中で箸休め的な存在の料理たちです。
素材の色を生かしたものが多いので、
ライス＆カリーの見た目を彩る役目があります。
組み合わせることで、栄養のバランスもよくなります。

サンボル sambol සම්බෝල
あえもの、味つけしたサラダ

テルダーラ thel dala තෙල්දාලා
炒めもの

マッルン mullum මැල්ලුම
ソテー。油なしで調理することも

「これさえあればごはん3杯はいける」というスリランカ人のソウルフード。
ライムの酸味が全体の味をひきたてます。
最後は手でていねいにあえることがおいしさの秘訣です。

Shami's Recipe

ポル・サンボル

ココナツのあえもの පොල් සම්බෝල ※冷凍可

材料（3〜4人分）

削ったココナツ　100g　＊ココナツファインで代用可

A｜小たまねぎ（薄切り）　40g　＊玉ねぎ中¼個で代用可
　｜青唐辛子（ななめ薄切り）🌶　1本
　｜にんにく（粗みじん切り）　1片
　｜モルディブフィッシュ　小さじ3
　｜チリフレーク🌶　小さじ1（▮▮▮小さじ2½）
　｜チリパウダー🌶　小さじ1
　｜こしょう　小さじ½

ライム　½個（搾り汁小さじ2）＊レモン¼個で代用可
塩　小さじ1

作り方

1．Aをすり鉢に入れ、全体がしっとりなじむまですりつぶす⒜。

2．削ったココナツをすり鉢に加え、色が均一になるまで、ときどき混ぜながらすりつぶす（ココナツファインの場合は数回に分けて加えながら混ぜる）。

3．全体がなじんだらボウルに移し、塩を入れライムを搾る。ライムの皮も風味を足すため一緒に入れる⒝。

4．指のはらですりつぶすように全体をあえて完成©。

MATCH　どんなカレーにも、パンにも！

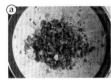  

MEMO

パンと一緒に食べるのもスリランカ流。サンドイッチやトーストにしてもおいしいです。

甘辛すっぱいマリネ液が
油で揚げたジューシーななすにからみ、とまらなくなるおいしさです。
できたてもいいのですが、数時間置くと調味料がよくなじんで、
また違ったおいしさが楽しめます。

バトゥ・モジュ

なすの揚げびたし ⓑⓓⓔⓜⓖ

材料（4人分）

なす　2本
小たまねぎ　50g　＊玉ねぎ（薄切り）中¼個で代用可
青唐辛子🌶　5本

A｜ココナツビネガー　小さじ4　＊穀物酢やりんご酢などで代用可
　｜砂糖　小さじ4
　｜塩　小さじ1
　｜ターメリックパウダー　小さじ¼
　｜チリパウダー🌶　小さじ½

揚げ油　適量

作り方

1．ボウルにAを入れてよく混ぜる。

2．青唐辛子に縦に包丁で切り込みを入れⓐ、皮をむいただけの小たまねぎと一緒に1に加えてあえる。

3．なすは長さ5㎝くらいの縦切りにしてⓑ、水につけてあく抜きする。

4．水分をふき取ってから、きつね色になるまで180℃の油で揚げⓒ、熱いうちに2に加える。

5．最後に適宜塩と砂糖（いずれも分量外）で味をととのえる。

MEMO 小玉ねぎを使うのは、大きな玉ねぎよりも甘味が強いため。代用する場合は、新玉ねぎや赤玉ねぎがあればぜひ試してみてください。

MATCH まぐろの黒こしょう煮 P.26
イエローライス P.75

スリランカを代表する野菜のおかず。
ツボクサの苦味とココナツの甘味、
ライムの酸味のバランスが絶品です。

ゴツコラ・サンボル

ツボクサのあえもの ගොටුකොළ සම්බෝල

材料（4人分）

ツボクサ（粗みじん切り）　100g
*せりや三つ葉などで代用可

A | 小玉ねぎ40g　*玉ねぎ（薄切り）中¼個で代用可
　 | 青唐辛子（みじん切り）♪　1本
　 | 削ったココナツ　30g
　 | *ココナツファインで代用可
　 | モルディブフィッシュ　小さじ3
　 | 塩　小さじ½

ライム　½個（搾り汁小さじ2）
*レモン¼個で代用可

作り方

1. ボウルにAとライムを搾り入れ、玉ねぎをほぐしながら指の
   はらでこするように全体をていねいに混ぜあわせる@。

2. ツボクサを入れ、食感を残すため葉をつぶさないようにふ
   んわりとやさしくあえる⑥。

MATCH　どんなカレーにも！

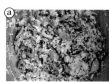

クレソンで作った
サンボル。

MEMO　せりや三つ葉のほか、春菊やクレソンなど
少しクセのある葉野菜で代用できます。

ムクヌウェンナはスリランカで
昔からよく食べられる葉もの野菜。
野生味をココナツの甘みが
やわらげます。

ムクヌウェンナ・マッルン

ムクヌウェンナの蒸し炒め　මුකුනුවැන්න මැල්ලුම

材料（4人分）

ムクヌウェンナ（細切り）　100g
＊ほうれん草や小松菜、キャベツなど好きな葉もので代用可
削ったココナツ　35g
＊ココナツファインで代用可
ターメリックパウダー　小さじ¼
玉ねぎ（薄切り）　中¼個
塩　小さじ½
油　大さじ½

作り方

1. 油以外の材料をすべてボウルに入れ、スプーンでざっくり
   混ぜたあと、指のはらでほぐすようにしながら手で全体をな
   じませる。

2. フライパンに油を熱して1を入れ、中火で炒める。ムクヌ
   ウェンナの色があざやかになったら火を止める。

MATCH　どんなカレーでも！

スリランカの野菜ム
クヌウェンナ。日本
の野草ツルノゲイト
ウに似ている。

MEMO　炒めすぎないことがおいしさのポイント。混ぜる時に指が
ターメリックで染まるのが気になる人は、適宜手袋などを。

Shami's
Recipe
テルダーラ2種

干しえびの食感とうまみを生かした
辛くないテルダーラです。
お好きな野菜で置き換え可能。

ボーンチ・テルダーラ

いんげんのスパイス炒め බෝංචි තෙල්දාළ

材料（2人分）

いんげん（ななめ切り）　12〜15本
玉ねぎ（薄切り）　中¼個
干し小えび　20g
*スリランカのものの場合は水洗いして水気を絞る
にんにく（みじん切り）　2片
カレーリーフ　20枚
マスタードシード　小さじ½
シナモンスティック　2片
塩　小さじ½
バター（有塩）　5g
油　大さじ1

作り方

1. フライパンに油を熱し、マスタードシードとにんにくを入れて香りが出るまで弱火で炒める。

2. 玉ねぎ、カレーリーフ、シナモンスティックを加えたら中火に。玉ねぎがしんなりするまで炒め、干し小えびを加える@。

3. 干し小えびがきつね色になったら、いんげん、バター、塩を加える⑥。

4. 全体を炒めながら混ぜあわせ、ふたをして火が通るまで弱めの中火で蒸し焼きにする。

MEMO スリランカの干し小えびはかなり塩分濃度が高いので、日本の干し小えびで作る場合には適宜、塩を調整してください。

MATCH えびカレー P.28 / ビーツカレー P.49

星のような断面で、歯ごたえはシャキシャキ。
日本では四角豆やうりずん豆と呼ばれます。

ダンバラ・テルダーラ

四角豆のスパイス炒め දඹල තෙල්දාළ

材料（2人分）

四角豆　7本
玉ねぎ（薄切り）　中¼個
にんにく（みじん切り）　2片
青唐辛子（長めのななめ切り）🌶　1本

A ┌ モルディブフィッシュ　小さじ3
　│ カレーリーフ　10〜12枚
　└ チリフレーク🌶　小さじ1（■■小さじ2）

トマト（粗角切り）　小1個
塩　小さじ½
油　大さじ1

作り方

1. 四角豆のスジを取りのぞき©、3mm程度の厚さにスライスする。

2. フライパンに油を熱し、にんにくを入れて香りが出るまで弱火で炒める。

3. 玉ねぎ、青唐辛子を加え中火にし、玉ねぎがしんなりとしたらAを加えさらに炒める。

4. 全体に油がまわってなじんだら⑥、四角豆と塩を加え中火で炒める。

5. 四角豆が少ししんなりとしたらトマトを入れてふたをして、弱めの中火で蒸し焼きにする。

6. 火が通ったらふたを取り、トマトの水分をとばすように中火で炒める。

MEMO 歯ごたえが少し残る程度に火を通すのがおいしさの秘訣。四角豆にはいんげんのように2本スジがあります。

MATCH 大唐辛子カレー P.42 / ポテトカレー P.47

どんな料理も引き立てる爽やかな名脇役。
ライス＆カリーだけでなく
チャーハンやロティにも添えて。

シンハラ・アチャール

スリランカ・ピクルス සිංහල අච්චාරු

材料（3〜4人分）

小玉ねぎ　40g
＊玉ねぎ中¼個（2cm角切り）で代用可
青パパイヤ　70g
＊大根やかぶで代用可
にんじん　中½個
青唐辛子🌶　4〜5本（🌶8〜10本）

A｜マスタードパウダー　大さじ1強
　｜砂糖　小さじ1½
　｜塩　小さじ1
　｜ターメリックパウダー　小さじ¼
　｜チリパウダー🌶　小さじ¼
　｜ココナツビネガー　大さじ1
　｜＊穀物酢やりんご酢で代用可

作り方

1. 小玉ねぎは皮をむき、にんじんは拍子木切り、青パパイヤは1cm角に切る。青唐辛子は包丁で縦に切り込みを入れる⒜。

2. ボウルにAをすべて入れて、ペースト状になるまで混ぜる⒝。

3. 1を入れてよくあえ、保存容器に入れて夏は冷蔵庫で、冬は常温で2〜3日味をしみ込ませる。

MEMO 10日ほどを目安に食べ切ってください。

MATCH 何にでも！

日本では中華の炒めものなどで
親しまれていますが、
スリランカらしいスパイス使いで
こんな一品にも。

Shami's Recipe
カンクン・テルダーラ
空芯菜のスパイス炒め　කංකුං තෙල්දාල

材料（3～4人分）

空芯菜（ざく切り）　1束 200g

A｜ 玉ねぎ（薄切り）　中½個
　｜ シナモンスティック　2片
　｜ クローブ　2粒
　｜ モルディブフィッシュ　小さじ2
　｜ カレーリーフ　20枚
　｜ パンダンリーフ（1×3cmに切る）　2枚
　｜ 青唐辛子（薄切り）♪　1本

トマト（くし切り）　小1個
にんにく（みじん切り）　1片
生姜（みじん切り）　1片
ターメリックパウダー　小さじ½
塩　小さじ1½
油　大さじ2

作り方

1. フライパンに油を熱し、にんにく、生姜を弱火で香りが立つ
   まで炒める。

2. Aを入れ、中火でよく炒める。

3. 全体に油がまわって玉ねぎがしんなりしたら、トマト、塩、
   ターメリックパウダーを入れ、サッと炒める。

4. 空芯菜をかぶせるように入れ、ふたをし中火で約2分間蒸
   し焼きにする。

5. 空芯菜がしんなりしたら、火を止め混ぜる。

MEMO　小松菜や、ターサイなどでもおいしく作れます。

MATCH　チキンカレー P.18 / 里いもカレー P.46

67

食感も楽しく、ついおかわりしてしまう
サラダ的な一品です。

カラウィラ・サンボル

ゴーヤのあえもの කරවිල සම්බෝල

材料（3〜4人分）

ゴーヤ　中1本
トマト（くし切り）　中½個

A｜玉ねぎ（薄切り）　中½個
　｜モルディブフィッシュ　小さじ3
　｜塩　小さじ½
　｜こしょう　小さじ½

揚げ油　適量

作り方

1. ゴーヤは薄めの輪切りにしてワ
　 タと種を取りのぞき、180℃の油
　 でカラっと揚げる⒜。

2. Aをボウルに入れ、手で玉ねぎ
　 をほぐすようにもみ込み、1とト
　 マトを加えて、ざっくりあえる。

MATCH　揚げ卵カレー P.34
　　　　　 かぼちゃカレー P.47

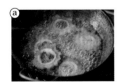
ⓐ

ちょっとしたつけあわせが欲しい時に
便利なメニューです。

キャロット・サンボル

にんじんのあえもの කැරට් සම්බෝල

材料（3〜4人分）

にんじん（せん切り）　中½本
トマト（1cm角切り）　中¼個
削ったココナツ　15g　＊ココナツファインで代用可

A｜玉ねぎ（薄切り）　中¼個
　｜モルディブフィッシュ　小さじ3
　｜青唐辛子（ななめ薄切り）🌶　½本
　｜塩　小さじ½
　｜こしょう　小さじ½

ライム　½個（搾り汁小さじ2）　＊レモン¼個で代用可

作り方

1. Aをボウルに入れ、手で玉ねぎをほぐすようにもみ込む。

2. にんじん、トマト、削ったココナツ、ライムを搾り入れ、手で全
　 体がなじむまであえる。

MATCH　どんなカレーにも！

スリランカではパイナップルに
塩とチリパウダーをかけるのが定番の食べ方。

アンナーシ・サラダ

パイナップルのサラダ අන්නාසි සලාද

材料（3〜4人分）

生のパイナップル（2〜3cm角切り）　150g
トマト（1cm角切り）　中¼個

A｜玉ねぎ（薄切り）　中½個
　｜モルディブフィッシュ　小さじ3
　｜塩　小さじ½
　｜こしょう　小さじ½
　｜青唐辛子（ななめ薄切り）🌶　1本

砂糖　小さじ½

作り方

1. ボウルにAを入れて、手で玉ねぎをほぐすようにもみ込む。

2. トマト、パイナップルを加えてさっくりとあえ、砂糖を振りか
　 けて軽くあえる。

MATCH　ブラックポークカレー P.20
　　　　　 デビルチキン P.36

へび瓜はクセがなく
カレーはもちろん生で食べても◎。
飽きがこない
登場回数の多いサンボルです。

Shami's Recipe

パトラ・サンボル

へび瓜のあえもの පතෝල සම්බෝල

へび瓜

材料（4人分）

へび瓜　150g（直径4cmのもので30cm）

A｜ 小玉ねぎ（薄切り）　40g
　　＊玉ねぎ中¼個で代用可
　　トマト（粗角切り）　中½個
　　青唐辛子（みじん切り）🌶 1本
　　削ったココナツ　25g
　　＊ココナツファインで代用可
　　モルディブフィッシュ　小さじ3
　　塩　小さじ1

ライム　1個（搾り汁大さじ1⅓）＊レモン½個で代用可

作り方

1. へび瓜の皮をごぼうの皮をむくように包丁の刃でこそげ取り ⓐ、縦半分に割って中のワタを出す ⓑ。

2. 3mm ほどの厚さにスライスする。

3. ボウルにAを入れてライムを搾り、玉ねぎをほぐすように手で混ぜ合わせる。

4. しんなりとしてよく混ざったら2を入れて、全体をやさしく手であえる。

MEMO 漬けものにするような瓜やセロリでもおいしく作れます。

MATCH さば缶カレー P.30
　　　　 ジャックフルーツカレー P.50

キリッとした味わいの
サイドメニュー。
クリーミーなカレーに
よく合います。

Shami's
Recipe

クーニッソ・サンボル
干し小えびのあえもの කුනිස්සො සම්බෝල

材料（3〜4人分）

干し小えび　30g
＊スリランカのものの場合は水洗いして水気を絞る
玉ねぎ（薄切り）　中½個
トマト（くし切り）　小½個
青唐辛子（ななめ薄切り）🌶　1本
油　大さじ3
塩　小さじ¼
ライム　½個（搾り汁小さじ2）
＊レモン¼個で代用可

作り方

1. フライパンに油を熱し、干し小えびがきつね色になるまで中火で揚げ焼きにする（ⓐ）。

2. ボウルに油をきった1、トマト、青唐辛子、玉ねぎ、塩を加え、玉ねぎを手でほぐすようにやさしく混ぜあわせる（ⓑ）。

3. ライムを搾り入れて軽く混ぜ、塩（分量外）で味をととのえる。

MATCH　カシューナッツカレー　P.48
　　　　　スリランカオムレツカレー　P.35

MEMO
スリランカではパンに
はさんでサンドイッチ
にすることも。

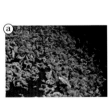
ⓐ

ⓑ

カリッとした食感で
かみしめるたびにうまみがにじみ出るサイドメニュー。

Shami's Recipe

ハールマッソ・テルダーラ

干し小魚のピリ辛炒め හාල්මැස්සෝ තෙල්දාළ ※冷凍可

材料（3〜4人分）

干し小魚　50g
＊スリランカのものの場合は水洗いして水気を絞る

A｜にんにく（みじん切り）　2片
　　生姜（みじん切り）　1片
　　カレーリーフ　10枚
　　パンダンリーフ（1×3cmに切る）　4枚
　　シナモンスティック　1片

B｜玉ねぎ（薄切り）　中1個
　　青唐辛子（ななめ切り）　1本
　　チリフレーク　小さじ1（🌶小さじ2）
　　塩　小さじ¼
　　こしょう　小さじ½

トマト（くし切り）　中¼個
ライム　½個（搾り汁小さじ2）＊レモン¼個で代用可
油　大さじ3

作り方

1. フライパンに油を熱し、干し小魚にひとつまみの塩（分量外）をまぶし、きつね色でカリカリの状態になるまで中火で揚げ焼きにする。

2. Aを加えて混ぜながら、さらに全体がカリッとするまで中火で炒める@。

3. Bを加えて、玉ねぎがしんなりするまで炒める。

4. トマトを加えてさらに中火で炒め、全体がなじんだら火を止めライムを搾りかける。

MEMO 日本の小魚はスリランカのものに比べてかなり塩分濃度が低いので、適宜塩を加えて調整してください。

MATCH 里いもカレー P.46
カシューナッツカレー P.48

@

ごはんもの・粉もの

බත් සහ පිටි සහිත ආහාර

スリランカで食べられているお米

スリランカで日常的によく食べられるのは短粒米のサンバ種やレッドライスなど。いずれもでんぷん質が少ないためパラパラ感がとても強く、カレーのグレービーと合わせながら食べることで一体感が生まれます。でんぷん質、水分を多く含む日本米はスリランカ料理に使うと重たく感じてしまうかもしれません。紹介するお米はどれも炊飯器で調理可能です。鍋で炊きたいときは「湯取り法」がおすすめです。

『湯取り法』
米1：水5の割合で沸騰した湯の中に洗った米を入れ、軽く芯が残る程度にゆでる。ザルにあげて水気をきり、鍋に戻しふたをして5分蒸らす。

キーリサンバ　කිරි සම්බා බත්

特徴●粒が丸く、サンバ種の中の高級米。収穫後、籾がついたまま一度ゆでる（パーボイルド製法）ので独特な香りがある。硬めの食感。冷凍するとパサつきが気になるので冷凍には向かない。
研ぎ方●ゆすぐように数回水を替えて洗米する。籾殻などが混ざっていることがあるので洗米時に取りのぞく。
炊飯器での炊き方●水加減 米1：水2●炊くときにはお好みで パンダンリーフ1×3cm程度を2枚、塩ひとつまみを入れる。
おすすめの食べ方●ライス＆カリー、チャーハンなど

レッドライス　රතු කැකුළු බත්

特徴●形は細長く、プチプチとした食感。ミネラルやカリウムが豊富で血糖値を上げにくい。冷凍するとパサつきが気になるので冷凍には向かない。
研ぎ方●ゆすぐように数回水を替えて洗米する。籾殻などが混ざっていることがあるので洗米時に取りのぞく。
炊飯器での炊き方●水加減 米1：水2
おすすめの食べ方●ライス＆カリー、挽いたものはストリングホッパー（P.123）に用いられることも。

バスマティライス　බාස්මති බත්

特徴●形は細長く、香りがよいのが特徴。やや高価。冷凍してもおいしく食べられる。
研ぎ方●洗いすぎると風味がなくなってしまうので、やさしくサッと洗う程度。
炊飯器での炊き方●水加減 米1：水1.5●炊くときにはお好みで パンダンリーフ1×3cm程度を2枚、塩ひとつまみを入れる。
おすすめの食べ方●ライス＆カリー、ビリヤニ、イエローライス、チャーハンなど

スワンデルライス　සුවඳැල් බත්

特徴●古代から作られている伝統米。色は乳白色で健康によいと近年注目を集めている。冷凍もOK。
研ぎ方●ゆすぐように数回水を替えて洗米する。
炊飯器での炊き方●水加減 米1：水2●炊くときにはお好みで パンダンリーフ1×3cm程度を2枚、塩ひとつまみを入れる。
おすすめの食べ方●ライス＆カリー、イエローライス、チャーハンなど

スドゥケクル　සුදු කැකුළු බත්

特徴●粒は丸く、乳白色。でんぷん質がキーリサンバやレッドライスに比べて多く、食感はやわらかめ。キリ・バトゥ（P.80）にしたものは冷凍も可能。
研ぎ方●ゆすぐように数回水を替えて洗米する。籾殻などが混ざっていることがあるので洗米時に取り除く。
炊飯器での炊き方●水加減 米1：水2●炊くときにはお好みで パンダンリーフ1×3cm程度を2枚、塩ひとつまみを入れる。
おすすめの食べ方●ライス＆カリー、キリ・バトゥ

ライス＆カリーのプレートが華やかになるイエローライス。
炊飯器任せで簡単にできちゃいます。

Nilanka's
Recipe

イエローライス

カハ・バトゥ කහ බත් ※冷凍可

材料（2人分）

米（バスマティやスワンデルがおすすめ）　1カップ
生姜（みじん切り）　1片
にんにく（みじん切り）　2片
カルダモン（包丁の柄などで軽くつぶす）　4粒
クローブ（包丁の柄などで軽くつぶす）　4粒
シナモンスティック　5片
パンダンリーフ（1×3cmに切る）　4枚
ターメリックパウダー　小さじ¼
塩　小さじ½
バター（有塩）　10g
水　1カップ
ココナツミルク　½カップ
　┌ ココナツミルクパウダー　大さじ1
　└ 湯　½カップ

作り方

1. 米を洗って水をきり、炊飯器に入れる。

2. 残りの材料をすべて入れⓐ、かき混ぜて白米モードで炊飯する。

炊飯器に入れるスパイス。

バラエティ豊かな米粉料理

お米大国スリランカでは、ごはんとしてお米を食べるだけでなく、お米を挽いてさまざまな料理にも使います。カレーと一緒に食べる蒸しパン、イドゥリや、ホッパーというクレープのようなもの、さらには麺にも加工されるなど、スーパーマーケットに行くとお米と米粉のバラエティに驚きます。現地の人は健康面や価格帯、行事などに応じていろいろ使いわけているようです。

スーパーにはたくさんの種類のお米が並ぶ。

ちょっと料理を頑張ってみたい日におすすめなのが、
見た目も華やかでスパイスが芳醇に香るこの一品。
ヨーグルト・サンボル（P.86）が
さらに本格的な一皿に格上げしてくれます。

ランカウェ・ククルマス・ビリヤニ

スリランカ・チキン・ビリヤニ ලංකාවේ කුකුල්මස් බිරියානි ※冷凍可 ※トッピングの卵以外

材料（2人分）

鶏骨つきもも肉　1本
（または骨なしもも肉など好きな部位200g）

A｜カレーパウダー　大さじ1
　｜パプリカパウダー　小さじ1
　｜ターメリックパウダー　小さじ¼
　｜プレーンヨーグルト　大さじ1
　｜にんにく（すりおろす）　2片
　｜生姜（すりおろす）　1片
　｜パクチー（葉と茎をざく切り）　2本
　｜塩　小さじ1

バスマティライス（洗って水をきる）　1カップ
水　5カップ

B｜クローブ　6粒
　｜カルダモン（包丁の先で2つ割り）　4粒
　｜シナモンスティック　6片
　｜クミンシード　小さじ½
　｜塩　小さじ½
　｜ローリエ　1枚

＜グレービー＞
玉ねぎ（みじん切り）　中½個
トマト（薄切り）　中½個
にんにく（みじん切り）　2片
生姜（みじん切り）　1片
青唐辛子（縦2つ割り）　2本
プレーンヨーグルト　大さじ1
ターメリックパウダー　2つまみ
パクチー（葉と茎に分けてざく切り）　4本
サラダ油　大さじ3

＜トッピング＞
ゆで卵　2個
カレーリーフ　適量
玉ねぎ（薄切り）　中¼個
カシューナッツ　適量
ミントの葉　適宜
揚げ油　適量

作り方

1. 火の通りをよくするため、鶏骨つきもも肉の両面3～4か所に骨まで届くくらいの切り込みを入れる。Aをよくもみ込み、15～20分おく。

2. 鍋に5カップの水を沸かし、Bと米を入れて軽く芯が残る程度に中火で5分ほどゆで、スパイスごとザルにあげて水気をきる。

3. 別の鍋に中火で油を熱し、にんにく、生姜を入れて香りが立ったら玉ねぎを加え、玉ねぎの端が茶色くなるまで炒める。

4. 1をスパイスごと、さらにトマトとプレーンヨーグルトも加え、ふたをして弱火で煮込む。ときおりふたを取り鶏肉の上下を返す。

5. 鶏肉にほぼ火が通ったら（この時点で水分がなければ水を50mlほど足す）、青唐辛子、パクチーの葉を加える ⓐ。

6. 2の米を5の上にかぶせるようにのせる ⓑ。火の通りがよくなるよう米の表面に箸などで10か所ほど穴を作る。

7. 6の上にパクチーの茎とターメリックパウダーを振り ⓒ、ふたをして弱火で米の芯がなくなるまで加熱する（目安は5分程度）。

8. 米の芯がなくなったら火を止め、鍋底のグレービーと米をざっくりと混ぜあわせ、ふたをして5分ほど蒸らす。

〈トッピング〉

9. ゆで卵は包丁の刃先で10か所ほど刺してからきつね色になるまで180℃の油で素揚げする。カレーリーフ、カシューナッツ、玉ねぎもカリッと食感を出すように素揚げし、ミントの葉とともに飾る。

MEMO 鶏肉は脂がのったもも肉などがおすすめ。5で鍋底に少し水分が残る程度まで煮つめるとパラリと仕上がります。

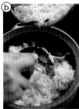

こっくりとしたマトンの脂を
スパイスたちがごちそうメニューに仕上げます。
炊き上がりの瞬間は至福の時！
つけあわせのミント・サンボル（P.86）が
風味をさらにひきたてます。

Nilanka's Recipe
ランカウェ・エルマス・ビリヤニ

スリランカ・マトン・ビリヤニ　ලංකාවේ එළුමස් බිරියානි　❄冷凍可　※トッピングの卵以外

材料（2人分）

骨つきマトン（ひと口大にカット）　300g
（骨なしの場合200g〜250g／ラムでも可／好きな部位）

A │ カレーパウダー　小さじ1½
　 │ ターメリックパウダー　小さじ¼
　 │ チリパウダー🌶　小さじ1（🌶🌶小さじ2）
　 │ プレーンヨーグルト　大さじ1
　 │ にんにく（すりおろし）　3片
　 │ 生姜（すりおろし）　2片
　 │ パクチー（葉と茎をみじん切り）　4本
　 │ ミントの葉（みじん切り）　3本
　 │ 塩　小さじ1

バスマティライス（洗って水をきる）　1カップ
水　5カップ

B │ クローブ　3粒
　 │ カルダモン（包丁の先で2つ割り）　3粒
　 │ シナモンスティック　5片
　 │ パンダンリーフ（1×3cmに切る）　4枚
　 │ 塩　小さじ½

＜グレービー＞
玉ねぎ（薄切り）　中½個
トマト（薄切り）　中½個
青唐辛子（縦2つ割り）🌶　2本
クローブ　4粒
カルダモン　3粒
シナモンスティック　5片
レモングラス（長さ2cmに切る）　3本
カレーパウダー　小さじ1
ターメリックパウダー　小さじ¼
サラダ油　大さじ3

ココナツミルク　¼カップ
　 │ ココナツミルクパウダー　大さじ1
　 │ 湯　¼カップ

パクチー（葉と茎をざく切り）　2本

＜トッピング＞
玉ねぎ　中½個
ゆで卵　2個
パクチー（葉と茎をざく切り）　2本
カレーリーフ　適量
レーズン　適量
揚げ油　適量

作り方

1. Aをすべてボウルに入れマトンによくもみ込み、15〜20分おく。

2. 鍋に5カップの水を沸かし、Bと米を入れて軽く芯が残る程度に中火で5分ほどゆで、スパイスごとザルにあげて水気をきる。

3. 別の鍋に中火で油を熱し、玉ねぎ、クローブ、カルダモン、シナモンスティック、レモングラスを入れて玉ねぎの端が茶色くなるまで炒める。

4. 青唐辛子と1をスパイスごと加え、焦げないように底からかき混ぜ、ココナツミルク、ターメリックパウダー、カレーパウダーを加え、ふたをして弱火で10分ほど煮込む。

5. トマトを加え混ぜあわせ、再度ふたをして、マトンに火が通り鍋底に少し水分が残る程度まで中火で煮込む。

6. 2の米を5の上にかぶせるようにのせる。火の通りがよくなるように米の表面に箸などで10か所ほど穴を作る ⓐ。

7. ふたをして、弱火で米の芯がなくなるまで加熱する（目安は5分程度）。

8. 米の芯がなくなったら火を止め、パクチーを散らして鍋底のグレービーと米をざっくりと混ぜあわせ ⓑ、ふたをして5分ほど蒸らす。

＜トッピング＞

9. 包丁の刃先で10か所ほど刺したゆで卵と玉ねぎ、カレーリーフをきつね色になるまで180℃の油で素揚げし、パクチー、レーズンなど ⓒ とともに散らす。

MEMO　炒め油にギーを使えばさらに本格的な仕上がりに！

ⓐ

ⓑ
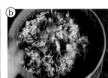

ⓒ

ココナツミルクが
お米の甘さを引きたてます。
ルヌミリス（P.87）を
合わせるのが定番ですが、
お好きなカレーとも。

Shami's Recipe キリ・バトゥ

ミルク・ライス කිරි බත් ✳冷凍可

材料（作りやすい分量）

日本米（洗って水気をきる）　1カップ
水　2カップ

薄いココナツミルク　½カップ
　　ココナツミルクパウダー　大さじ2
　　湯　½カップ

濃いココナツミルク　¼カップ
　　ココナツミルクパウダー　大さじ2
　　湯　¼カップ

塩　小さじ1

作り方

1. 鍋に米、水を入れてふたをして強火で加熱する。沸騰して泡が出たら弱火にする。

2. 水の量がひたひたくらいになったら、薄いココナツミルクを入れ全体をかき混ぜる。ふたをして弱火のまま4分間ほど煮込む。途中焦げつかないように混ぜる。

3. 濃いココナツミルクと塩を入れ、ふたをせずにかき混ぜながら少し沸騰させ、もったりととろみが出てきたら火を止める@。

4. 金属バットの底面にラップをしいて3を平らに流し入れ、ラップやゴムベラを使って形を整える⑤。

5. 粗熱が取れたら包丁で切る。スリランカではひし形に切るのが一般的。

MEMO 市販のココナツミルクを使う場合は、薄めたりせずそのまま使用してください。

現地の人はバナナの葉を使って成形します。くっつかなくて便利だそう！

ポル・ロティ

ココナツ・ロティ පොල් රොටී ※冷凍可

材料（直径6cmのもの10〜12枚分）

強力粉　200g
削ったココナツ　125g　＊ココナツファインで代用可
カレーリーフ（せん切り）　25枚
玉ねぎ（みじん切り）　中⅓個
塩　小さじ1
油　大さじ1
水　¼カップ（足りなければ適宜足す）

作り方

1. 油、水以外の材料をボウルに入れて手で均一に混ぜる。

2. 水を少しずつ加えながら耳たぶくらいのやわらかさになるまでこねる。12等分して手に油（分量外）をつけてボール状にまとめⓐ、ラップをかけて常温で15分やすませる。

3. 手に油（分量外）を塗りながら生地を1つずつ手のひらで、直径5〜6cm厚さ5mmほどにのばしⓑ、油を入れて熱しておいたフライパンに並べていく。

4. 全部並べたらふたをし、弱めの中火で両面を焼き目がつくまで焼く。1つ割ってみて中の玉ねぎがやわらかくなっていたら完成。

MEMO　ねぎや青唐辛子など、好きな具材を練り込んでもOK。

ロティはココナツを入れて平らに焼いたシンプルなパン。
もちっとした食感は豆カレー（P.40）や
シーニ・サンボル、ルヌミリス（ともにP.87）に合います。

大衆食堂の人気メニュー。
両手に鉄のスケッパーを持った料理人が
小麦粉を薄くのばして焼いた
ゴタンバロティと呼ばれる生地と具材を
リズミカルに鉄板の上で刻みながら炒めます。

ククルマス・コットゥ

チキン・コットゥ කුකුල්මස් කොත්තු

材料（2人分）

薄焼きロティ　3〜4枚

チキンカレー（P.18）
　グレービー部分　½〜⅔カップ
　鶏肉部分（細く裂く）　適量

玉ねぎ（薄切り）　中½個
にんじん（せん切り）　中½本
いんげん（ななめ切り）　2本
油　大さじ2
にんにく（みじん切り）　2片
生姜（みじん切り）　1片
カレーリーフ　10〜12枚
卵　L玉1個
バター（有塩無塩どちらでも）　10g
塩　小さじ½
こしょう　小さじ½
小ねぎ（ざく切り）　適量

作り方

1. 薄焼きロティを（冷凍の場合は解凍して）1cm角に切るⓐ。

2. フライパンに油を入れて熱し、にんにく、生姜を入れて香りが出るまで弱火で炒め、カレーリーフ、玉ねぎ、いんげん、にんじんを加えて中火で炒める。

3. 玉ねぎがしんなりとしたら、バター、卵を加えて炒めるⓑ。

4. チキンカレーの鶏肉、塩、こしょう、さらにロティを加えて2分程度炒めたらⓒ、グレービーを加え、全体がなじんでロティがしっとりとするまで炒める。

5. 火を止め小ねぎを散らす。

> **MEMO**　チキンカレー（P.18）やブラックポークカレー（P.20）、ジャフナスタイル・ポークカレー（P.22）、えびカレー（P.28）などでも作れますし、日本のカレーで作ってもおいしくできます。グレービーが多いほどロティがもちもちの食感に。

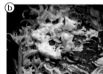

薄焼きロティはインドやマレーシアでは「ロティパラータ」と呼ばれ、日本ではその名前で冷凍食品として業務スーパーや通販で購入できます。

Nilanka's Recipe
トーセ
スリランカ風チヂミ ⭕️⭕️⭕️

材料（8〜10枚分）

A 強力粉　200g
　　イースト　5g
　　水　¾カップ

ココナツミルク　1カップ
　　ココナツミルクパウダー　大さじ2
　　湯　1カップ

塩　小さじ½

玉ねぎ(薄切り)　中⅙
マスタードシード　小さじ½
にんにく(みじん切り)　2片
カレーリーフ(せん切り)　20枚
鷹の爪(小口切り)🌶　2本
クミンシード　ひとつまみ
塩　ひとつまみ
油　大さじ1½

作り方

<下準備>

Aを大きめのボウルに入れ、ゴムベラなどでまとめてからラップを
かけ、常温で一晩(8時間以上)おく@。【参考】発酵した生地ⓑ。

1. 一晩おいた生地にココナツミルクと塩を加えて泡立て器で
　混ぜ、おたまで持ち上げたらすぐたれるような状態にする
　ⓒ。硬いようであれば少しずつ水(分量外)を加える。

2. フライパンに油を熱し、中火でマスタードシードを香りが立
　つまで炒め、にんにくを加える。

3. にんにくの香りが立ったら、玉ねぎ、カレーリーフ、鷹の爪、
　クミンシードを加えて炒める。

4. 玉ねぎが色づく程度まで炒めたら塩ひとつまみを加えて火
　を止め、熱いまま1に混ぜ込む。

5. フライパンを中火で熱して薄く油(分量外)をひく。4の生地
　をおたまで落とし、おたまの背で直径20cmほどに広げるⓓ。

6. 表面が乾いて気泡が出てきたらひっくり返し、両面に焼き色
　をつけて完成。

MEMO アレンジでチーズを加えても！気温が低い時には、1で生
地とココナツミルクが混ざるまで時間がかかることがあり
ます。

インド系レストランやベジタリアンの定番メニュー。
もちもちした食感のトーセを
つけあわせの2種類のサンボル（P.88）で
交互に食べるのが
とっても楽しい一品です。

さらに現地の味になる

ごはん＆粉もののおいしい脇役たち
つけ合わせ6種

ミント・サンボル

● チキン・ビリヤニ（P.76）の
つけあわせに

Nilanka's
Recipe

ミーキリ・サンボル
ヨーグルトのあえもの
මී කිරි සම්බෝල

材料（2人分）

玉ねぎ（みじん切り）　中⅓個
青唐辛子（みじん切り）🌶 1本
パクチー（葉と茎をみじん切り）　2本
ミントの葉（みじん切り）　1つかみ
プレーンヨーグルト　大さじ3
こしょう　2つまみ
塩　小さじ½
ライム　1個（搾り汁大さじ1⅓）
＊レモン½個で代用可

作り方

材料をすべて混ぜあわせる。水分が出やすい
ので食べる直前に。

● マトン・ビリヤニ（P.78）の
つけあわせに

Nilanka's
Recipe

ミント・サンボル
ミントのあえもの
මින්ට් කොළ සම්බෝල

材料（2人分）

ミントの葉　2つかみ
削ったココナツ　30g　＊ココナツファインで代用可
塩　小さじ¼
ライム　⅔個（搾り汁大さじ1）
＊レモン⅓個で代用可

作り方

材料をすべてフードプロセッサーに入れ、なめらかになるまで混ぜあわせる（もしくはすり鉢で細かくなるまでする）ⓐ。

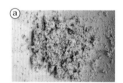
ⓐ

● キリ・バトゥ(P.80)、ポル・ロティ(P.81)、マール・パーン(P.96)などの
つけあわせに

ルヌミリス

シーニ・サンボル

Shami's Recipe
シーニ・サンボル
玉ねぎの甘辛炒め ※冷凍可
සීනි සම්බෝල

材料(作りやすい分量)

A 青唐辛子(ななめ切り) 1本
　パンダンリーフ(1×3cmに切る)　4枚
　カレーリーフ　10〜12枚
　クローブ　3粒
　カルダモン　2粒
　シナモンスティック　5片

B 玉ねぎ(薄切り)　中¾個
　モルディブフィッシュ　小さじ3
　チリフレーク　大さじ1

砂糖　10g
塩　小さじ½
油　大さじ3
ライム　½個(搾り汁小さじ2)
*レモン¼個で代用可

作り方

1. フライパンに油を入れて熱し、Aを入れ
て香りが出るまで中火で炒め、Bを加え
てさらに炒める。

2. 全体の色が均一になったら、ふたをして
弱火で1分ほどおく。

3. 全体がしんなりとして色が一段濃くなっ
たらⓑ、砂糖と塩を加え、ツヤが出てあ
め色になるまで中火で炒める。

4. 火を止め、最後にライムを搾りかける。

● キリ・バトゥ(P.80)、ポル・ロティ(P.81)などの
つけあわせに

Shami's Recipe
ルヌミリス
唐辛子のペースト
ලුණුමිරිස

材料(作りやすい分量)

モルディブフィッシュ　大さじ2
チリフレーク　大さじ1
チリパウダー　小さじ1
こしょう　小さじ½
玉ねぎ(1cm角切り)　中¼個
塩　小さじ½
ライム　¼個(搾り汁小さじ1)　*レモン⅛個で代用可

作り方

1. ライム以外の材料をすり鉢に入れ、すりこぎ
で全体がしっとりするまでする。

2. 全体がまとまったら、ライムを搾りかける。

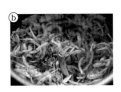

● トーセ（P.84）の
つけあわせに

Nilanka's
Recipe
コラ・サンボル
グリーン・サンボル
කොළ සම්බෝලය

材料（2人分）

パクチーの葉　1つかみ
青唐辛子🌶　2本
にんにく　1片
削ったココナッツ　30g　＊ココナツファインで代用可
ライム　1個（搾り汁大さじ1⅓）
＊レモン½個で代用可
塩　小さじ½

作り方

材料すべてをフードプロセッサーに入
れ、なめらかになるまで混ぜあわせる
（もしくは、すり鉢とすりこぎを使って
全体がなじむまでする）。

Nilanka's
Recipe
ラトゥミリス・サンボル
レッドチリ・サンボル
රතුමිරිස් සම්බෝල

材料（2人分）

チリフレーク🌶　小さじ2
チリパウダー🌶　小さじ½
にんにく　1片
削ったココナッツ　30g　＊ココナツファインで代用可
ライム　½個（搾り汁小さじ2）　＊レモン¼個で代用可
塩　小さじ½

作り方

材料すべてをフードプロセッサーに入れ、なめらか
になるまで混ぜあわせる（もしくは、すり鉢とすりこ
ぎを使って全体がなじむまでする）。

スナック

අතුරුපස

しょっぱいおやつの定番カトゥレット。
辛くないものと辛いものの2種類をご紹介です。
チリ入りトマトケチャップと一緒に、が現地流。

Nilanka's
Recipe

カトゥレット2種

ビッタラ・カトゥレット

卵コロッケ බිත්තර කටලට්

材料（12個分）

＜中身＞
ゆで卵　2個
じゃがいも（ゆでてつぶす）　中2個
玉ねぎ（みじん切り）　中1個
にんにく（みじん切り）　2片
生姜（みじん切り）　1片
カレーリーフ（みじん切り）　20枚
塩　小さじ½
ターメリックパウダー　小さじ¼
油　大さじ2½

＜衣＞
溶き卵　適量
塩　ひとつまみ
パン粉　適量

揚げ油　適量

作り方

1. フライパンに油を熱し、にんにく、生姜を弱火で炒め、香りが立ったらカレーリーフを入れ、さらに香りが立つまで炒める。

2. 玉ねぎを加え、弱火で焦がさないように2分ほど炒め、ターメリックパウダー、塩を加えて混ぜあわせる@。

3. じゃがいもを加え、水分をとばすように弱めの中火で2分程度練りながら加熱。ねっとりとしたら火を止める。

4. ゆで卵を1個につき6等分に切る。

5. 3を12等分にし、真ん中に切ったゆで卵を入れてⓑ丸く成形する。

6. 溶き卵にひとつまみの塩を入れてかき混ぜ、5に溶き卵、パン粉の順に衣をつけるⓒ。

7. 180℃に熱した油に入れ、衣がきつね色になるまで揚げる。

MEMO 卵の代わりにチーズを入れても！パン粉はできれば細かいもののほうが軽く、本場スリランカのスナックらしくなります。

ケラワッラ・マール・カトゥレット

ツナコロッケ කෙලවල්ලා මාළු කටලට්

材料（12個分）

卵コロッケの材料（ゆで卵以外）に以下をプラス

缶詰のツナ　70g（オイルを絞った中身）
青唐辛子（みじん切り）🌶 1本
こしょう　小さじ½
ライム　½個（搾り汁小さじ2）
＊レモン¼個で代用可

作り方

基本的には卵コロッケと同様。以下を変える。

▶ 1でカレーリーフと一緒に青唐辛子も入れる。

▶ 2でターメリックパウダーと塩を入れる時に、こしょうも入れる。

▶ 3で火を止めてからツナを加え混ぜ、ライムを搾る。

おやつやビールのおつまみに最適。
歯ごたえのある食感とカレーリーフの風味があとを引きます。

Shami & Rebecca's Recipe

パリップ・ワデ

ひよこ豆のスナック පරිප්පු වඩේ

材料（約12個分）

乾燥ひよこ豆　1カップ

A｜玉ねぎ（薄切り）　中½個
　｜青唐辛子（輪切り）🌶 1本
　｜塩　小さじ1
　｜チリフレーク🌶 小さじ1（🌶小さじ2）
　｜カレーリーフ（半分にちぎる）　10〜12枚
　｜薄力粉　大さじ4

揚げ油　適量

＜トッピング＞

鷹の爪　2本
カレーリーフ　10枚

作り方

〈下準備〉

乾燥ひよこ豆を3カップの水（分量外）に一晩ひたしておく。

1. 豆の水をきり、流水で洗って、ザルにあげる。

2. 1の半分をフードプロセッサーで粗めに砕き ⓐ、別のボウルに移しておく。

3. 残りの豆とAを、手でまとめられるようなやわらかさになるまでフードプロセッサーで細かく混ぜる ⓑ。（まとまりにくければ、分量外の薄力粉を足して調整）

4. 2と3を混ぜあわせ、手に油（分量外）をつけて直径5cmほどの丸い形にし ⓒ、180℃の油できつね色になるまで両面を返しながら揚げる。

5. トッピング用の鷹の爪とカレーリーフをカリッとするまで180℃の油で揚げ4に散らす。（鷹の爪は焦げやすいので5〜6秒で油からあげる）

MEMO フードプロセッサーでの豆のつぶし具合によって、粗めならガリッと、細かければやわらかい食感に変わります。お好みで調整してください。

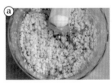
ⓐ

ⓑ

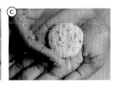
ⓒ

マッシュポテトとチーズを
クレープのような生地に包んで揚げています。
衣はサクッ、中はもちっとした食感が
楽しいスナックです。

94

Nilanka's Recipe
パニール・ロールス
スリランカ風チーズ揚げ春巻 පනීර් රෝල්ස්

材料（12個分）

＜中身＞

好きなチーズ（1×3cmに切る）　100g
（カマンベール、プロセス、モッツァレラなど）
じゃがいも（ゆでてつぶす）　中2個
にんにく（みじん切り）　2片
生姜（みじん切り）　1片
カレーリーフ（みじん切り）　20枚
青唐辛子（みじん切り）🌶　1本
玉ねぎ（みじん切り）　中½個
パクチー（みじん切り）　2本
サラダ油　大さじ1
塩　小さじ¾
ターメリックパウダー　小さじ½
こしょう　小さじ½
ライム　½個（搾り汁小さじ2）＊レモン¼個で代用可

＜生地＞

A　薄力粉　200g
　　卵　L玉1個
　　塩　小さじ½
　　ターメリックパウダー　小さじ½
水　190ml
サラダ油　適量

＜衣＞

溶き卵　適量
塩　ひとつまみ
パン粉　適量

＜揚げ油＞

サラダ油　適量

作り方

1. フライパンにサラダ油を加えて熱し、まずにんにくと生姜を、次にカレーリーフと青唐辛子を入れ、それぞれの香りが立つまで弱火で炒める。

2. 玉ねぎを加え、中火で焦げないよう2分ほど炒め、塩、ターメリックパウダー、こしょうを加える。

3. パクチーとじゃがいもを加え、水分をとばすように弱めの中火で加熱。ねっとりしたら火を止めてライムを搾り、全体を混ぜたらバットなどに取っておく。

4. ボウルにAを入れ、水を少しずつ加えてダマがなくなるよう泡立て器で混ぜながら、持ち上げるとすぐたれる状態にする（水の量は状態によって適宜調整）ⓐ。

5. 熱したフライパンにサラダ油を薄くひき、4をおたま1杯弱すくい入れ、直径20cm程度になるようおたまの背で薄く広げて弱めの中火で焼くⓑ。

6. 表面が乾いたらひっくり返して10秒ほど焼き、取り出す。

7. 6の上に12等分した3とチーズをのせ、春巻の要領で巻くⓒ。

8. 7に塩を入れた溶き卵、パン粉の順で衣をつけ、中温に熱した油で衣がきつね色になるまで揚げる。

MEMO さらっとした生地がもちっとした皮を作るコツ。生地を焼いている間に残りの生地が重たくなってきたら、水を少し足してください。

パン屋さんや食堂の定番商品、スリランカ版カレーパンです。
このパンはどのお店でも必ず三角形なのですが、
その理由は誰に聞いても
「なんでだろう？」と言うスリランカの謎。

マール・パーン

ツナカレーパン මව සිප ❄冷凍可

材料（8個分）

＜中身＞

P.90のツナコロッケの中身　P.90と同量
＊お好みで生姜は抜いてください

＜生地＞

強力粉　250g
ドライイースト　5g
砂糖　20g
塩　5g
牛乳　¾カップ
バター（常温にもどす）　20g ※有塩でも無塩でも可

＜仕上げ＞

溶き卵　適量
砂糖水　20ml（砂糖20gを湯20mlで溶いて冷ます）

作り方

1. ボウルに強力粉を入れ、その中央にバターを、片側にドライイーストと砂糖、反対側に塩をおく@。

2. 人肌程度にあたためた牛乳をイーストと砂糖の近くに注いでヘラなどでざっくりと混ぜ、ある程度まとまったら手で体重をかけながら15〜20分よくこねる。

3. 生地がまとまり、表面がつるっとして指のはらで生地を薄くのばせるようになったら⑥、ボウルの中央に丸くまとめ、乾燥しないよう固く絞ったぬれぶきんをかける（一次発酵）。

4. 生地が1.5〜2倍程度にふくらみ、指で押して生地が戻らなければ©、一次発酵は完了。

5. 軽く打ち粉をした台の上で、こぶしでパンチしてガスを抜く。8等分にし、それぞれを丸め、ぬれぶきんをかけて15分間やすませる。

6. やすませた生地をガス抜きして、丸く平らにのばす。中央に中身の⅛量をおき、三角形になるようにつなぎ目をしっかり指でつまんでとめる⑩。

7. つなぎ目を下にして天板に並べ、1.5〜2倍程度にふくらむまで二次発酵させる。

8. 溶き卵を塗り、190℃に予熱したオーブンで15〜20分焼く。焼き上がったら、砂糖水をハケで塗ってツヤを出す。

MEMO ホームベーカリーを使って作る場合、パン生地の材料を入れ、一次発酵（手順1〜4）までを行います（パン生地コースの設定があれば使用してください）。

ほっくりとした
ひよこ豆のうまみが楽しめるスナック。
おつまみにもってこいです。

カダラ・バドゥマ

ひよこ豆のスパイスミックス කඩල බැදුම

材料（3〜4人分）

乾燥ひよこ豆　1カップ
水　4カップ
干しえび　10g　＊日本のもので代用可
干しえびを炒める油　大さじ1
玉ねぎ（薄切り）　小1個
マスタードシード　小さじ½
にんにく（みじん切り）　2片

A　鷹の爪（種を取って小口切り）🌶　2本
　　カレーリーフ　10〜12枚
　　塩　小さじ1
　　チリフレーク🌶　小さじ½（ ▦ 小さじ1）

油　大さじ1

作り方

〈下準備〉

ひよこ豆を水に一晩ひたす。

1. 豆をもどした水ごと鍋に移し、大さじ1の塩（分量外）を加えて途中あくを取りながら豆がやわらかくなるまでゆで、ザルにあげる。

2. 干しえびを油でカリッとするまで中火でしっかり炒め、小皿に取る ⓐ。

3. フライパンに油を熱し、マスタードシードを入れ5秒ほど中火で炒めてからにんにくを加え、香りが立ったら2と玉ねぎを入れて中火で炒める。

4. 玉ねぎが透き通ったらAを加えてさらに30秒ほど炒め、火を止める ⓑ。

5. 大きめのボウルで、ゆでたひよこ豆と4をあえ、最後に塩（分量外）で味をととのえる。

MEMO スリランカの干しえびは日本のものに比べてかなり塩分が強いので、使用する場合ははじめに水洗いします。日本のものを使う場合はそのまま炒めてかまいません。

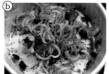

ライス＆カリーに
楽しい食感を与える名脇役が、
ビールにぴったりのおつまみに。

Rebecca's Recipe
パパダン・パドゥマ
パパダン・スナック පපඩම් බිදුම

材料（2〜3人分）

パパダン（直径8cm）　3枚
＊春巻の皮 19x19cm を3枚で代用可
炒りピーナツ　20g
鷹の爪（種を取り除く）🌶 2本
カレーリーフ　10〜12枚

A｜チリフレーク🌶 小さじ¼
　｜砂糖　小さじ1
　｜塩　小さじ½
　＊春巻の皮を使う場合は、砂糖小さじ1½、塩小さじ¾に

揚げ油　適量

作り方

1. 揚げる前のパパダン@と鷹の爪を1cm角に切る。

2. Aをボウルに入れ混ぜておく。

3. カレーリーフ、鷹の爪、炒りピーナツ、最後にパパダン⒝を別々に180℃の油で揚げる。鷹の爪とカレーリーフは焦げやすいので、サッと5〜10秒、炒りピーナツは10秒ほど、パパダンは15〜20秒ほどで揚がる。

4. パパダンが熱いうちにそのほかの3とともに2のボウルへ入れ、あえる。

MEMO 揚げ油の中でパパダンがふくらみ、菜箸でさわって軽い感触になったら油から引きあげるサイン。パパダンは豆の粉から作られた薄いおせんべいのようなもの。スリランカ食材店で購入できます。

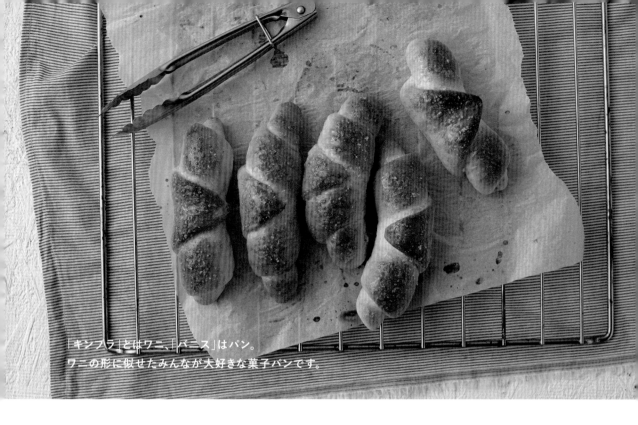

「キンブラ」とはワニ、「バニス」はパン。
ワニの形に似せたみんなが大好きな菓子パンです。

Akiko's
Recipe

キンブラバニス

ワニパン කිඹුලා බතිස් ※冷凍可

材料（8個分）

＜生地＞
強力粉　250g
ドライイースト　5g
砂糖　20g
塩　5g
牛乳　¾カップ
バター（常温にもどす）　20g　※有塩でも無塩でも可

＜トッピング＞
グラニュー糖　80g
溶き卵　適量

＜仕上げ＞
砂糖水　20ml
（砂糖20gを湯20mlで溶いて冷ます）
グラニュー糖　ひとつまみ

作り方

〈生地〉
P.96のツナカレーパンの作り方1〜5の要領でパン生地を作る。

1. やすませた生地をガス抜きしてから8等分し、細長い二等辺三角形を作って底辺から先に向かって丸めていく@。

2. 成形後、1.5〜2倍程度にふくらむまで二次発酵させる。

3. 溶き卵をハケで塗り⑥、トッピング用のグラニュー糖を振りかけ、190℃に予熱したオーブンで15〜20分焼く。

4. 焼き上がったら、トッピングした砂糖が取れないように気をつけながら、ツヤ出しのための砂糖水をハケで塗り、さらにひとつまみのグラニュー糖を振る。

スイーツ＆ドリンク

පැණි රස කෑම සහ බීම

ジャガリーはヤシを原料とした無精製の粗糖。
こっくりとしてフルーティーな甘みがあり、
これで作るプリンはなつかしい味がします。

Akiko's Recipe

ワタラッパン

ヤシ蜜プリン වටලප්පම්

材料（600mlの耐熱容器もしくは100mlカップ6個分）

ジャガリー　180g
＊黒糖やココナツシュガーで代用可
ナツメグパウダー　小さじ½
クローブ　3粒
カルダモン　2粒
ココナツミルク　1¼カップ
 ├ ココナツパウダー　大さじ4
 └ 湯　1¼カップ
卵　M玉4個
カシューナッツ（砕く）　大さじ1
ココナツオイル　適量

＜トッピング＞
カシューナッツ　適量
レーズン　適量

作り方

1. ジャガリーを溶けやすいように細かく刻む ⓐ。

2. クローブとカルダモンを包丁の柄で軽く砕く。

3. 鍋に1と2、ココナツミルク、ナツメグパウダーを入れ ⓑ、弱火で加熱。溶けたら火からおろし冷ましておく。

4. 卵を溶いて冷ました3に加え、空気を含ませないように泡立て器を左右に動かしながら混ぜ、茶こしなどでこす。

5. ココナツオイルを塗った容器に注ぎ入れ、砕いたカシューナッツを加える。

6. 容器にアルミホイルでふたをして ⓒ、天板において湯を張り、175℃に熱したオーブンで30分蒸し焼きにする。

7. 焼き上がったらカシューナッツとレーズンを飾る。

MEMO ワタラッパンは「す」が入ってこそ！ だそうなので、プリンのように「す」を気にし過ぎなくても大丈夫。ですが低温でじっくり焼くことでなめらかな舌ざわりになります。

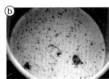
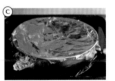

薄くもちっとした皮に、
スパイスをきかせたココナツあん「ポルパニ」が入った
スリランカのパンケーキ。
スリランカに来てからずっと変わらない
私の大好物です。

Rebecca's
Recipe

パンケーキ

ココナツあんのクレープ පිත්තේක

材料（10個分）

<皮>

A	薄力粉　200g
	砂糖　小さじ½
	塩　小さじ¼
	ターメリックパウダー　小さじ½弱

水　250〜300ml

<あん>

削ったココナツ　100g　＊ココナツファインで代用可
キトゥルハニー　½カップ　＊蜂蜜で代用可
クローブ　1粒
カルダモン　1粒

油　適量

作り方

1. ボウルにAを入れ泡立て器で混ぜながら少しずつ水を加える。ダマがなくなり、泡立て器を持ち上げるとすぐにたれるようなゆるい生地を作る@。

2. ラップでふたをし、15分ほど常温でやすませる。

3. カルダモンは包丁でつぶして種を取り出し、クローブと一緒に細かく刻む。

4. 鍋またはフライパンにキトゥルハニーを入れて中火にかけ、煮立ったら3と削ったココナツを入れ、水分をとばすよう中火で加熱する。

5. ココナツにキトゥルハニーがしみこんで水分がとんだら⑥、火からおろし、粗熱を取る。

6. フライパンに薄く油をひき、弱めの中火にして2を直径15㎝ほどの大きさにおたまの背で薄く丸く広げる。

7. 表面が乾いてきたらひっくり返し、さらに30秒ほど焼いて取り出す。

8. 粗熱が取れたら皮の色が濃いほうを内側にして、5を手前1/3のところにおき©、手前から丸める。

MEMO もちもちの皮を焼くにはゆるめの生地を作るのがポイント。粉や気候によって生地の感触が変わるので、ゆるめの生地になるよう水の量を調整してください。キトゥルハニーはクジャクヤシの花の蜜から作られるシロップです。

本来は柏に香りが似た
ケンダの葉に包んで蒸しますが
それを簡単にアレンジした
オリジナルレシピです。

Akiko's
Recipe

ワンドゥ・アーッパ

スリランカ風蒸しパン වඳු අප්ප

材料（カップ4個分）

A 薄力粉　90g
　米粉　10g
　ベーキングパウダー　6g

ジャガリーパウダー　40g
＊黒糖やココナツシュガーで代用可

ココナツミルク　½カップ
　ココナツミルクパウダー　大さじ2
　湯　½カップ

サラダ油　大さじ1弱

作り方

1. 水を張った蒸し器を火にかける。蒸し器のふたの水分が生地に落ちないようふきんを巻いておくとよい。

2. Aを混ぜあわせ、ふるいにかける。

3. ボウルにココナツミルク、ジャガリーパウダーを入れ泡立て器で混ぜ、サラダ油を加えさらによく混ぜる。

4. 2と3をさっくりとヘラなどで混ぜあわせる。多少ダマがあってもOK。生地が重たくなるので混ぜすぎないよう気をつける。

5. 型に入れ@、蒸気が上がっている蒸し器で13分ほど強火で蒸す。串をさして何もついてこなければ蒸し上がり。

ケンダの葉を使う場合もカップに入れて安定させる。

MEMO 粉と水分をあわせてから蒸し上げるまでを手早く、そして強火で蒸すことで花が咲くように蒸しパンが割れます。カップはシリコン製のマフィン型やカップケーキ型がおすすめ。

イギリス伝来のトフィーは
スリランカ人にとって身近なお菓子。
紅茶との相性抜群です。

Rebecca's Recipe

ミルクトフィー

キリトフィー කිරි ටොෆි

材料（約20cm×15cmの金属バット1個分）

練乳　360g
砂糖　50g
水　¼カップ

A｜カシューナッツ（砕く）　15g
　｜カルダモン（種だけを取り出し刻む）　2粒
　｜バニラエッセンス　適量
　｜バター（有塩無塩どちらでも／常温にもどす）　20g

作り方

1. 型にするバットにバター（分量外）を軽く塗る。

2. フライパンに砂糖と水を入れ弱火で加熱。溶けたら練乳を加え、弱火で常にかき混ぜながら煮詰める。

3. とろみが出てきたⓐ、Aを加え、薄いキャラメル色のドロっと重たい状態になるまでかき混ぜながらさらに煮詰める。

4. バットに移し、3分ほどおいてからバター（分量外）を塗ったヘラなどで平らにするⓑ。

5. 粗熱が取れたら、温めた包丁で好みの大きさに切り分けるⓒ。数時間〜半日ほど乾燥させ、バットから取り出す。

MEMO 弱火なので時間が少しかかりますが、焦がさないようじっくり煮詰めていくことがポイントです。スパイス好きならシナモンやクローブパウダーを足してもOK。

ドリンク2種

スリランカはさまざまな種類のアボカドがとれる名産地。
野菜としてではなくフルーツとしていただきます。
お肌もよろこぶ栄養豊富なジュースです。

アリガタ・ペーラ・ビーマ

アボカド・ジュース අලිගැටපේර බීම

材料（2杯分）

アボカド　2個
牛乳　¾カップ
砂糖　大さじ1½〜2
塩　2つまみ
ライム　½個　＊レモン⅛個で代用可

作り方

1. アボカドの実を取り出す。

2. 材料すべてをジューサーまたはミキサーに
　入れ、なめらかになるまで攪拌する。

MEMO アボカドはやわらかく熟したものを選ん
　でください。アボカドによって水分量が
　異なるので牛乳は¼カップずつ加えて
　調整してください。

スリランカでは紅茶は「温かい」が常識。
ですが最近では冷たい紅茶も
新しいスタイルとして流行りに。
スパイシーなカレーのあとに
さわやかな一杯をどうぞ！

デヒ・テー・ソーダ

ライムティー・ソーダ දෙහි තේ සෝඩා

材料（2杯分）

紅茶の茶葉　小さじ2（4〜6g）＊お好きな種類で
沸騰した湯　¾カップ
ライム（輪切り）　½個
炭酸水　適量
ガムシロップ　適量
氷　適量

作り方

1. 茶葉に湯を注いで濃いめに抽出し、茶葉
　は取りのぞき冷ましておく。

2. グラスに1とライム、炭酸水、ガムシロッ
　プ、氷を入れかき混ぜる。

MEMO ルイボスティーやピーチティーなどのフレー
　バーティーでもおいしくできます。

セイロンティーのふるさと

スリランカは小さな島国ながら、地形が起伏に富んでいるため
異なる魅力にあふれた紅茶の産地が7つもあります。
スパイスごはん、デザートに合わせて、さらにスリランカを楽しんでください。

紅茶の7大産地	(標高の高→低の順に並んでいます。葉の色はその紅茶のおおよその色を表しています)	
	ヌワラエリヤ	さわやかな風味でシャンパンのような華やかな淡い色
	ディンブラ	深いコクとキレのある渋みを持ち、ミルクティーとしても楽しめる
	ウバ	世界三大紅茶のひとつ。一年にひと月だけあるクオリティーシーズンには特有のメントール香がさらに深みを増す
	ウダプッセラワ	深みのあるボディでほのかにメントールが香る
	キャンディ	バランスのよい渋みとコクでフルーティーな味わい
	サバラガムワ	濃い赤茶色で、風味、コクともに濃厚だがあと味はすっきり
	ルフナ	色は濃く、ほろ苦い風味をもちながらも、渋みは少なく飲みやすい

スリランカ国内で
日常的に飲まれる紅茶は、
「ダスト」と呼ばれるとても細かい茶葉。
色や風味が素早く出るのが特徴です。

Nilanka's Recipe
キリテー
スリランカミルクティー කිරි තේ

材料(2杯分)

紅茶の茶葉　小さじ4(10g前後)
*お好きな種類で
砂糖　小さじ4
ミルクパウダー(全脂粉乳)　大さじ2
*クリーミングパウダーで代用可
湯　ティーカップ2杯分

作り方

1. 鍋に湯を沸かし、沸騰したら火を止めて、茶葉、砂糖、ミルクパウダーを入れて勢いよくかき混ぜる。

2. 茶こしでこしながらカップに注ぐ。

MEMO　沸騰したてのお湯で入れることがポイント。茶葉は濃い色になるウバやルフナ、ディンブラがおすすめです。

現地の人はキリテーを
作る時にこんなジャグ
を使います。

ジャグを2つ使って、混
ぜながら泡立てるのはタ
ミルスタイル。

いつか食べたい現地ごはん

දේශීය ආහාර

現地にあふれる
魅力的なスパイスごはんたち

　この本で私たちのお気に入りのまかないレシピをすべてご紹介したかったのですが、できなかったレシピも実はあります。

　ひとつめの理由は、日本で材料が手に入りにくいこと。その国の気候だからこそ採れる食材は、その土地の太陽の下で食べることでもっとおいしく感じたり、身体がよろこぶ栄養だったりします。この章で紹介するコラキャンダ（薬草のお粥）はスリランカの朝食の定番で、かなりにんにくがきかせてあります。日本では「朝からにんにくは……」と躊躇してしまうけれど、スリランカなら誰も気にしません（笑）

　ふたつめは、調理道具が日本では入手が難しいこと。その土地ならではの調理道具は、歴史や昔ながらの知恵、現地の人の工夫が詰まっています。それらを使った料理をご紹介することで、もっとスリランカ料理の魅力を知ってもらえるのでは、と思います。

　そして最後の理由は、私たちも作ることが難しい料理があること。手間がとてもかかる料理だったり、経験が必要だったり。そこはもう現地の人もプロの腕に頼ります。この本のレシピを教えてくれた料理上手な彼女たちに「その料理、できるにはできるけど、買った方が時短で確実においしいよ」と言われたこともあります。

　現地にあふれるスリランカの魅力的なスパイスごはん、ご紹介できるのはほんのひとにぎりですが、いつかスリランカを訪れてみなさんに食べてほしいなと思っています。

赤い唐辛子のペースト、ルヌミリスと合わせるのは定番。

リズミカルで鮮やかな手つきに見惚れるお客さんも多い。

ホッパー ⚬ⓧⓑⓔ

Hopper
パリパリ&もちもち食感のお椀形クレープ

　夕暮れ時、食堂では外からよく見える場所のコンロに、半球形の鍋を並べはじめます。次々焼きあがっていくのは白いお椀形をしたホッパー。米粉とココナツミルクを発酵させた生地を鍋に流し込み、そのまま焼き上げたものがプレーンホッパー。卵を割り入れたものはエッグホッパーと呼びます。チーズ入りやおやつ感覚で食べられる蜂蜜入り、なんとエッグベネディクト風など変わり種も登場しています。昔ながらの食べ方も、そして新しいスタイルも、みんなから愛され続ける現地ごはんです。

　インスタントミックスのホッパー粉はスーパーマーケットでも買えるのですが、年季の入った鍋で毎日数百個焼く職人のホッパーはケタはずれのおいしさです。ホッパーのふちの部分ははかないほどパリパリで、真ん中はもっちり厚め、ほのかな甘さと発酵香もあり、いくつも食べてしまいます。

　ホッパーはルヌミリスやシーニ・サンボル、チキンカレーと一緒に食べられることが多く、ホッパーを買うとルヌミリスは無料でついてくることがほとんどです。みんな自分好みのつけあわせで楽しんでいます。

コラキャンダ කොළ කැඳ

Kola Kanda

朝食の定番、身体にやさしいハーブのお粥

持ち帰りはビニール袋に入れられ、ジャガリーも添えられる。

　朝、通勤通学で人の流れが出てくる頃、道にお粥スタンドが現れます。売っているのはコラキャンダと呼ばれる、緑のハーブをふんだんに使ったとろりとしたスープに近いお粥。スリランカの栄養豊富なカレーリーフやゴツコラなどのハーブ、雑穀や赤米が入っていて、にんにくと生姜で風味がつけられています。野草のような少しクセのある味わいなのですが、それをジャガリーと呼ばれるヤシ蜜のかたまりをかじりながら飲むと、予想もしていなかったおいしさに驚きです。寝起きの胃腸にも優しく、エネルギーも補給でき、薬味が体をあたためます。朝食にとることがアーユルヴェーダでもよしとされていて、朝食はスタンドでこれを一杯、という人も。スタンドで世間話をしながらこれを飲んでいる現地の人たちの姿は、とてもスリランカらしい光景です。

　アーユルヴェーダのトリートメント施設はもちろん、旅行者が泊まるホテルでも朝食には必ずと言っていいほど用意されています。スーパーマーケットでもインスタントのコラキャンダは売っていますが、新鮮なハーブで作られたコラキャンダは色も鮮やか、風味も格段に違います。

数種類のお粥を売る朝限定のスタンド。
その場で飲むこともできる。

115

お化けのような大きさのジャックフルーツ。

ジャックフルーツの実は大きなもので30kgほどになります。そんな大きな実がいくつも木にぶら下がっているのを見ると、スリランカの大地の力強さに圧倒されてしまいます。その実はカレーになりますが（P.50）、種もただ塩ゆでするだけで想像以上のおいしさ。栗のようにほっくりと、そしてパウダリーな食感で、在住日本人にはお酒のおつまみとしても人気があります。さらにその種はとっておきのカレーになるのです。

採れたばかりの種でしかできないカレーが、ココナツミルクの色をいかした白いキリコスカレー。採れたてでしか作れないのは、種が茶色い渋皮で覆われていて、採れて時間が経ってしまうときれいにむくことができないからです。風味も食感もやさしいキリコスカレーはみんながトリコになる一品です。

ちなみに渋皮つきのものはコス・アタ・カル・ポル・マールワ（Kos ata kalu pol maluwa／කොස් ඇට කළු පොල් මාලුව）といい、渋皮がついたまま砕いてローストカレーパウダーをきかせ、濃い茶色のカレーにします。

キリコス
කිරිකොස් හොදි
Kiri Kos
採れたてだからこそ味わえる特別な味

左が渋皮のついた種。

バナナの花は切った断面からすぐににじみ出てくるほどあくが強い。

ケセルムワ・サンボル

කෙසෙල් මුව සම්බෝල

Keselmuwa Sambol

バナナは実だけでなく花も調理

　バナナの花はたけのこのような構造になっていて、食感も若いたけのこのようにシャキシャキしています。むいていくと真ん中には小さなバナナの房のもとが。味はほとんどなく、バナナのような甘い香りや風味はありません。ですがその食感をいかしてスパイスと調理することで、ライス＆カリーをひきたてるおかずになります。カレーにもなりますが、私が大好きなのはバナナの花サラダ。花を刻み、しぶといあくをしっかり抜いてカラリと素揚げに。モルディブフィッシュ、ライム、チリパウダー、塩などでサラダに仕立てます。モルディブフィッシュでうまみが加わり、食感も手伝っておかわり必至の副菜です。

ムルンガ・ホディ・キラタ

මුරුංගා හොදි කිරට

Murunga Hodi Kirata

免疫力を高める野菜の代表格モリンガ

　スリランカに来たころ、こちらの友人に「とにかくモリンガを食べなさい、デング熱にかからないから」とよく言われました。免疫力を高めると言われているモリンガ、果実はカレーに、葉はマッルンやサンボルにしていただきます。美肌効果や抗酸化作用も期待でき、紫外線の強いスリランカでは定期的に食べるように意識しています。栄養素が高いスーパーフードとして世界中で注目を集めているモリンガは、パウダーとなって海を越えているようですが、もしスリランカを訪れたら新鮮なモリンガの果実からその力を取り入れてください。

50cm以上はあるモリンガ。皮は硬く中身だけをこそぐようにして食べる。

WE♥LOVE ランプライス

**お昼ごろになるとホカホカの緑のかたまりが
お店のカウンターに積まれていきます。
スリランカの人たちが愛してやまないその中身は……。**

ランプライスはスリランカのオランダ統治時代（1658〜1796年）に、オランダ人の血をひく「バーガー」と呼ばれる人たちのコミュニティで生みだされた料理。ルーツはマレー半島にあると言われています。そこにスリランカの食文化が融合し、スリランカを代表する食べもののひとつとなりました。伝統に忠実なものから新しい独自のスタイルまで、現在スリランカではさまざまなランプライスが食べられます。

正統派ランプライスは、スパイスとチキンスープで炊き込んだスリランカの短粒米をバナナの葉に盛り、その上に鶏、豚、牛の3つのミートカレー、シーニ・サンボル、バトゥ・モジュ、青バナナカレー、フィッシュ・カトレットゥ、揚げたゆで卵、エビのペーストを盛りつけ、葉でくるんだのち、蒸し器やオーブンで加熱します。そうすることでしっとりとした一体感が生まれ、それぞれのうまみが混じり合います。バナナの葉は香りづけの要素もありますが、殺菌作用も期待でき、スリランカ人の昔ながらの知恵でもあります。

お弁当として食べられていたこともあり、ランプライスが買えるのはランチタイムのみであることがほとんどです。スリランカではランプライス好きが多く、食べ歩きを趣味にしている人もいるほど。具材も店によって違いがあり、加熱方法もさまざま。個性豊かなランプライスが楽しめます。もしスリランカにきたら「あなたのおすすめはどこのランプライスですか？」と現地の人に聞いてみるのも楽しいかもしれません。

バナナの葉で
くるまれた状態

現代風ランプライス

（コロンボ7区に店を構えるスリランカ料理レストラン、ウパリスのもの）

① えびのサンボル
② チキンカレー
③ チャツネ
④ 青バナナカレー
⑤ シーニ・サンボル
⑥ フィッシュ・カトレットゥ
⑦ 揚げゆで卵
⑧ バトゥ・モジュ

スパイスとチキンスープで
炊いたスリランカ米

バナナの葉

コロンボ市内にいくつか支店がある、シンガポール発のベーカリー、ブレッド・トーク。ここではランチタイムだけランプライスがパンの隣に並びます。2人でシェアできるほどのボリュームでチキンが大きめなのがうれしいです。加熱時間は他に比べて短め。

初めて私がランプライスを食べたのがここグリーン・キャビンのもの、思い出の味です。加熱時間が長めでしっとり感が強いのが特徴。メインにチキンかフィッシュ、またはベジタブルのみも選べます。有名店で市内の複数の支店がありますが、毎日ほぼ売り切れてしまいます。

コロンボ5地区にあるダッチバーガーユニオン（オランダ系バーガー組合）の敷地内にあり、一番伝統に忠実だと言われているランプライスがここ。色みは派手ではありませんが、そのシンプルさが正統派の強みなのかもしれません。こちらも並べたそばからどんどん売れてしまう人気店です。

今、私の一番のお気に入りがコロンボ5地区にある超人気店ラサ・ボジュンのもの。大ぶりのカシューナッツがゴロゴロ入り、甘辛く炒めたココナツフレークの副菜はここだけのオリジナル。選べるメインはチキン、ポーク、ビーフ、ミックスと種類も豊富、ディナータイムもオーダーできます。

地元民に愛され続ける店クロスロードカフェではライス＆カリー、ホッパーやコットゥも人気。ランプライスは辛味、塩味が強くかなりローカルの人向きにアレンジされています。重量もたっぷり。バトゥ・モジュは入っていないタイプです。

ショートイーツというスナック類やマール・パーンが大人気のこのお店、日本とは直接関係ないそうなのですが、店名がホテル・ニッポンというのは気になります。こちらのランプライスはボリューム、辛味とも豪快。バトゥ・モジュやシーニ・サンボルは甘味が少なめのアレンジです。

コチと呼ばれる高級
唐辛子。強いけれど
品のある辛味と香り
で人気があります。

大人の手のひらほどの長さ
がある大唐辛子、マールミリ
ス。肉厚でキリッとした香り
のよさが特徴です。[大唐
辛子カレー（P.42）]

歯応えがよく、カレー
にも炒めものにもなる
万能野菜の四角豆。
年中店頭に並んでい
ます。[四角豆のスパ
イス炒め（P.64）]

四角豆の断面

スリランカならではの
野菜いろいろ

　南国スリランカの太陽をいっぱい浴びた野菜た
ちは栄養満点。その野菜の力とスパイスを駆使し
て、スリランカのおいしいごはんは作られます。
　日本と気候が違うスリランカでは日本では見ら
れない野菜がたくさん。暑さのため高原野菜の
流通は少ないものの、そのほかの野菜の種類は
豊富です。スリランカのアーユルヴェーダが発
展したのも、スリランカの豊かな大地が育む野菜
やハーブがあってこそだったそうです。アーユル
ヴェーダの考えは現地の人の献立作りのヒントに
もなっています。

アンバレッラというマン
ゴーの仲間。青い果実
をマンゴーカレー（P.53）
のようにカレーにします。

スリランカはなすの種類も豊
富で、スーパーマーケットには
常時4種類ほど並んでいます。
料理によって使いわけます。

市場の葉もの野菜専門店には青々とした野菜が山積み。

バナナは大きな房のまま陳列。

アッシュバナナと呼ばれ、カレーに使われるます。皮が厚く、食感はじゃがいもに似ています。

生のターメリック（ウコン）。自宅で干して煎じて飲んだり、挽いてスパイス作りをしたりする人も。

コヒラと呼ばれる繊維質のかたまりのような野菜。ごぼうとレンコンの間のような食感です。

コヒラの断面。

ロングビーンズと呼ばれるいんげんが長くなったような野菜。テルダーラやカレーに使われます。結べるほど長く50cmほどあります。

瓜の仲間で大きなスジがある十角ヘチマ。大きさは女性の腕ほどあります。

市場内の穀物、豆類専門店。

スリランカで使われる調理道具いろいろ

　スリランカ人は男性も女性も料理好き。真剣な眼差しで調理道具を選んでいる姿をよく見かけます。スリランカ特有の調理器具を初めて見たときは、不思議な形で一体何を作るんだろうと頭の中がハテナばかりでした。でもこの道具でなくては作れないおいしいごはんがいっぱい！ どれもスリランカでは道端やスーパーマーケットで気軽に購入可能なものばかり。もしスリランカに来ることがあれば、ぜひ思い出と一緒に持ち帰って、現地で食べたごはんに自宅でトライしてみてください。

ピットゥ専用蒸し器

● ピットゥ・バンブーワ පිටු බම්බුව

ピットゥとは米粉と削ったココナツを円筒状にして蒸した料理。
シンプルな見た目とはうらはらにちょっと手間のかかる一品です。

米粉の代わりにクラッカンという雑穀を使った生地が蒸し上がったところ。

小麦粉を練って粒状にし蒸したものはマニ・ピットゥと呼ばれる。

下部に水を入れ、円筒部分に蒸気を集中させて蒸す。かつては竹筒を使っていた。

できあがったピットゥには、ホディタイプのカレーやココナツミルクを合わせて食べる。

ストリングホッパー押し出し器

● イディ・アッパ・ワンゲディヤ ඉඳිආප්ප වංගෙඩිය

ストリングホッパーは主に米粉が材料の麺類。この道具で丸いザルに
細長く押し出して蒸します。米粉のほかにはクラッカンと呼ばれる雑穀
を用いた赤いストリングホッパーもあります。

生地を詰めて……。

ギュッと押し出す。均一に押し
出すためには経験が必要。

専用のザルを積み重ねて蒸し
器で蒸す。

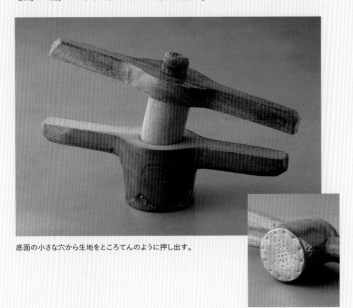

底面の小さな穴から生地をところてんのように押し出す。

素焼きの鍋

● ワラン මැටි වළං

ワランはスリランカの土で作られた素焼きの鍋です。
焦げつきにくく、保温性もあって「カレー作りに欠かせ
ない」とみんなが口をそろえます。陶芸が盛んな地域
では道端にワランのお店が軒を連ねています。

朝食に食べられることが
多く、ホディタイプのカ
レーとベストマッチ。

クラッカン粉を使った
ストリングホッパー。

各家庭ではさまざまなサイズを取りそろえている。

123

シーズンには立派なパイナップルが100円ほどで買える。

アジやさば、かつおがならぶ魚屋。「クリーンして」と頼むと頭と内臓を取ってくれる。

ホールスパイス、パウダースパイスなんでもござれのスパイス専門店。

スリランカ人の胃袋を支える地元市場を訪ねて

　最近では品ぞろえがよいスーパーマーケットも増えてきたスリランカですが、それでも市場の活気は健在。「やっぱり買いものは市場でなくちゃ」という人も多くいます。八百屋のおじさんが旬の野菜の名前をさけび、魚屋のおじさんは負けじと漁師から仕入れてきた魚をアピール。お店の人との会話も現地の人の大事な生活の一部になっています。

辛いものが好きなスリランカの人は唐辛子を買う量も豪快。

陳列が見事な八百屋。
スリランカはすべて計り売り。

公設市場には日々の食事作りに欠かせないお店が並ぶ。

フラの上に積まれた卵は、その日暮らしの人のためにも1つから買える。

主な食材別INDEX

*カッコ内は日本で作る場合の代用食材です。
*その料理の主要な具材となっているものを取り上げています。
玉ねぎやトマト、香味野菜をグレービーやつけあわせに使うものについては割愛しています。

127

石野明子 Akiko Ishino

日本大学芸術学部で写真を学び、朝日新聞社出版写真部の嘱託として3年間在籍。その後13年間フリーランスとして活動。2017年にスリランカの魅力を現地から発信するために移住し、写真スタジオSTUDIO FORTを立ちあげる。さまざまな媒体で現地から新鮮なスリランカの情報を発信するほか、現地スタッフに習ったスリランカ料理の「まかない」も日々SNSで発信中。著書に「五感でたのしむ! 輝きの島スリランカへ」(イカロス出版)。

STUDIO FORT
https://studio-fort.com/

コラム「スリランカ光の島へ」・続編「光の島の原石たち」
https://www.asahi.com/and/creators/ishinoakiko/

スパイスカレーと野菜のおかず
スリランカのまかないごはん

文・写真	石野明子
料理	シャミラ・ドゥシュラ(Shamila Dushla)
	ニランカ・マートル(Nilanka Mertle)
	レベッカ・デ・シルバ(Rebecca de Silva)
	石野明子
デザイン	大井綾子(FROG)
校正	坪井美穂
編集	西村 薫

2021年12月25日 初版発行
2023年3月20日 第二刷発行

著者	石野明子
	© 2023 Akiko Ishino All rights reserved.
発行者	山手章弘
発行所	イカロス出版株式会社
	〒101-0051
	東京都千代田区神田神保町1-105
	電話　03-6837-4661(出版営業部)
	メール　tabinohint@ikaros.co.jp(編集部)
印刷・製本所	図書印刷株式会社

Printed in Japan